60分でわかる!

THE BEGINNER'S GUIDE TO COMPREHENSIVE SUPPORT ACT FOR PERSONS WITH DISABILITIES

障害者総合支援法 超入門

弁護士 外岡 潤［著］ 介護・福祉系弁護士法人おかげさま

技術評論社

Introductory Guide 1

障害保健福祉施策の歴史

現在の障害者支援や保護体制は昔からあったものではなく、さまざまな変遷を経て拡充されていきました。戦後から障害者総合支援法成立に至る障害保健福祉施策の流れを見てみましょう。

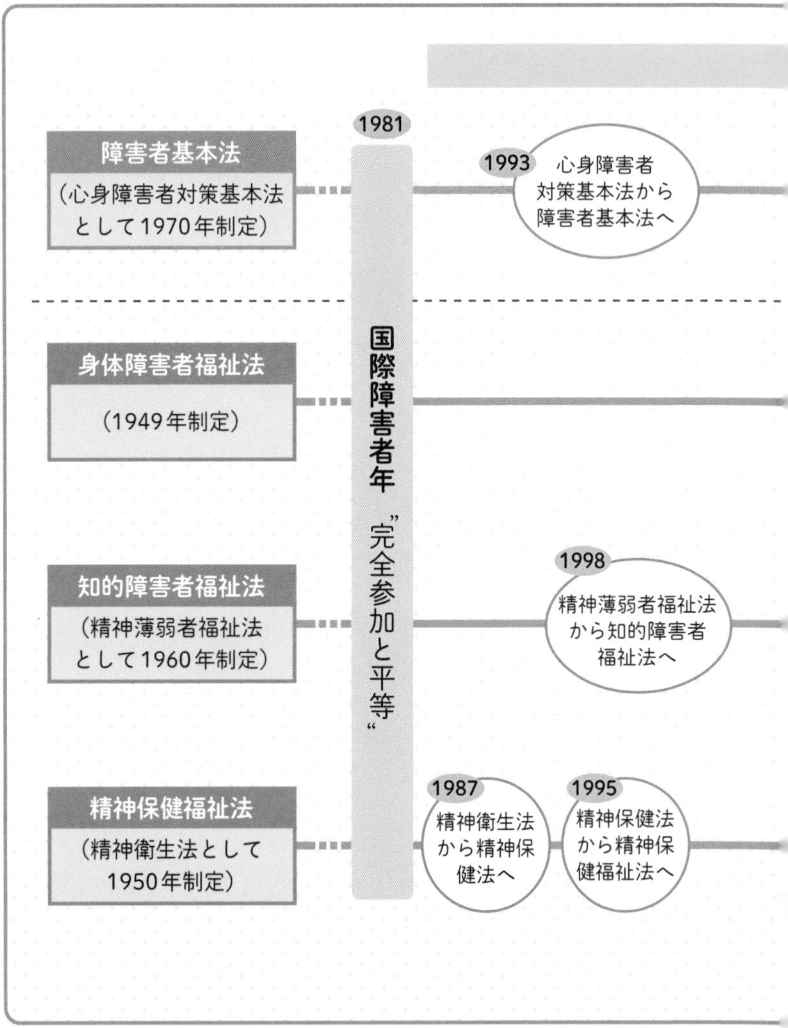

※ノーマライゼーションとは、障害がある人もない人も、互いに支え合い、地域で生き生きと暮らしていけるよう、障害者の自立と社会参加の促進を図っていくこと

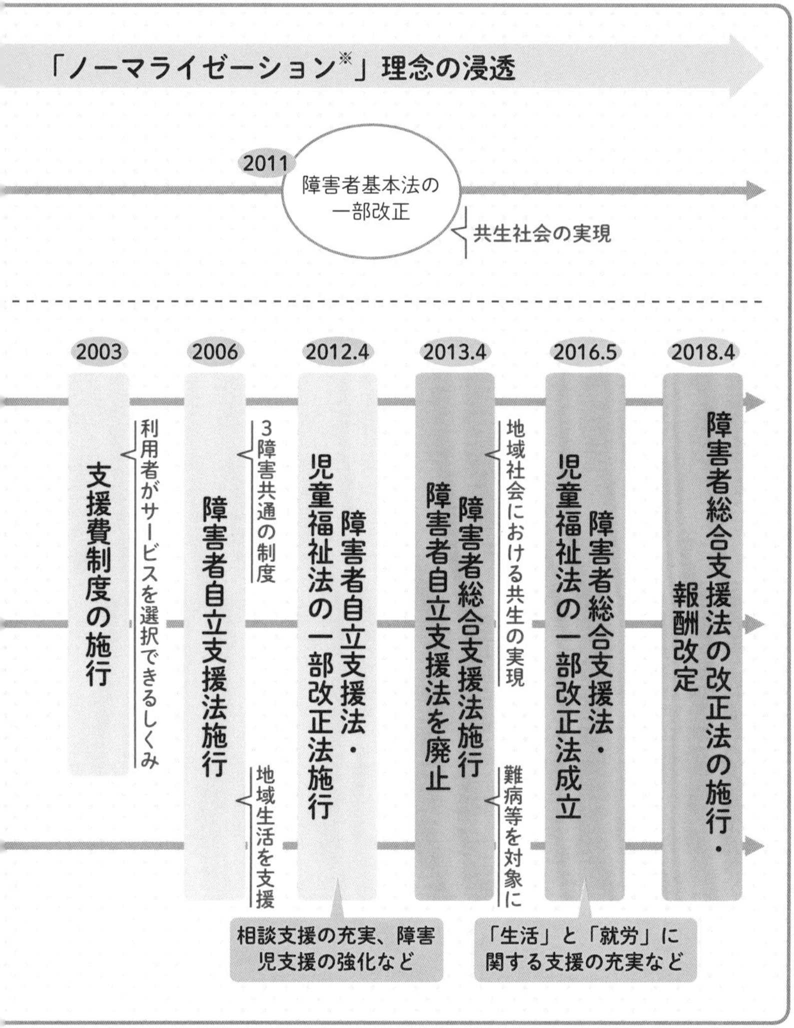

Introductory Guide 2

障害者・障害児が受けられるサービスの全容とフロー

障害者総合支援法

※障害児に対するサービスはすべて児童福祉法で規定

市町村が実施

利用の流れ

市町村へ申請
▼
障害支援区分の認定（介護給付）
▼
サービス等利用計画案の作成
▼
支給決定
▼
サービス担当者会議
利用計画の作成
▼
サービス利用の開始

介護給付

①居宅介護　②重度訪問介護
③同行援護　④行動援護
⑤重度障害者等包括支援
⑥短期入所　⑦療養介護
⑧生活介護　⑨施設入所支援

地域相談支援給付

障害者

市町村地域生活支援事業

相談支援事業　移動支援事業　地域活動支援センター
成年後見制度利用支援事業　など

都道府県が実施

都道府県地域生活支援事業

発達障害者支援センター運営事業、専門性の高い意思疎通支援を行う者の養成研修事業・派遣事業、福祉ホームの運営　など

児童福祉法

都道府県が実施

障害児入所支援

福祉型障害児入所施設
医療型障害児入所施設

障害児

補装具

自立支援医療

障害児

訓練等給付

①自立訓練（機能訓練　生活訓練）
②就労移行支援
③就労継続支援A型（雇用型）、
　就労継続支援B型（非雇用型）
④就労定着支援　⑤自立生活援助
⑥共同生活援助

市町村を支援

市町村が実施

障害児通所支援

児童発達支援
医療型児童発達支援
放課後等デイサービス
保育所等訪問支援
居宅訪問型児童発達支援

Introductory Guide 3

障害福祉サービスの体系

※表中の者は「障害者」、児は「障害児」であり、それぞれが利用できるサービス

1 介護給付

① 居宅介護（ホームヘルプ）者 児	自宅で、入浴、排泄、食事の介護等を行う
② 重度訪問介護 者	重度の肢体不自由者又は重度の知的障害若しくは精神障害により、行動上著しい困難を有する人で常に介護を必要とする人に、自宅で、入浴、排泄、食事の介護、外出時における移動支援などを総合的に行う。2018（平成30）年4月より、入院時も一定の支援が可能となった
③ 同行援護 者 児	視覚障害により、移動に著しい困難を有する人に、移動に必要な情報の提供（代筆・代読を含む）、移動の援護等の外出支援を行う
④ 行動援護 者 児	自己判断能力が制限されている人が行動するときに、危険を回避するために必要な支援や外出支援を行う
⑤ 重度障害者等包括支援 者 児	介護の必要性がとても高い人に、居宅介護等複数のサービスを包括的に行う
⑥ 短期入所（ショートステイ）者 児	自宅で介護する人が病気の場合などに、短期間、夜間も含め施設で、入浴、排泄、食事の介護等を行う
⑦ 療養介護 者	医療と常時介護を必要とする人に、医療機関で機能訓練、療養上の管理、看護、介護及び日常生活の支援を行う
⑧ 生活介護 者	常に介護を必要とする人に、昼間、入浴、排泄、食事の介護等を行うとともに、創作的活動又は生産活動の機会を提供する
⑨ 施設入所支援（障害者支援施設での夜間ケア等）者	施設に入所する人に、夜間や休日に、入浴、排泄、食事の介護等を行う

出典：社会福祉法人全国社会福祉協議会「障害福祉サービスの利用について」(2021年4月)

2 訓練等給付

① 自立訓練 者	自立した日常生活又は社会生活ができるよう、一定期間、身体機能又は生活能力の向上のために必要な訓練を行う。機能訓練と生活訓練がある
② 就労移行支援 者	一般企業等への就労を希望する人に、一定期間、就労に必要な知識及び能力の向上のために必要な訓練を行う
③ 就労継続支援（A型＝雇用型、B型＝非雇用型）者	一般企業等での就労が困難な人に、働く場を提供するとともに、知識及び能力の向上のために必要な訓練を行う。雇用契約を結ぶA型と、雇用契約を結ばないB型がある
④ 就労定着支援 者	一般就労に移行した人に、就労に伴う生活面の課題に対応するための支援を行う
⑤ 自立生活援助 者	1人暮らしに必要な理解力・生活力等を補うため、定期的な居宅訪問や随時の対応により日常生活における課題を把握し、必要な支援を行う
⑥ 共同生活援助（グループホーム）者	共同生活を行う住居で、相談や日常生活上の援助を行います。また、入浴、排泄、食事の介護等の必要性が認定されている方には介護サービスも提供する。さらに、グループホームを退居し、一般住宅等への移行を目指す人のためにサテライト型住居がある

3 相談支援

① 計画相談支援 者 児	サービス利用支援、継続サービス利用支援を行う
② 地域移行支援 者	障害者支援施設、精神科病院、保護施設、矯正施設等を退所する障害者、児童福祉施設を利用する18歳以上の者等を対象として、地域移行支援計画の作成、相談による不安解消、外出への同行支援、住居確保、関係機関との調整等を行う
③ 地域定着支援 者	居宅において単身で生活している障害者等を対象に常時の連絡体制を確保し、緊急時には必要な支援を行う

4 地域生活支援事業

① 移動支援	円滑に外出できるよう、移動を支援する
② 地域活動支援センター	創作的活動又は生産活動の機会の提供、社会との交流の促進を行う施設
③ 福祉ホーム	住居を必要としている人に、低額な料金で、居室等を提供するとともに、日常生活に必要な支援を行う

Contents

COMPREHENSIVE SUPPORT ACT FOR PERSONS WITH DISABILITIES

Part 1

障害者福祉の歴史と法からみえる権利と目的

「完全参加と平等」を掲げる国際障害者年から始まった

▶国際社会における障害者の権利保障はこうして始まった

1981年、国際連合はこの年を、「**国際障害者年**」と指定しました。これは、世界の人々の関心を、「障害者が社会に完全に参加し、融和する権利と機会を享受することに向けること」を目的とします。

1971年に「**精神薄弱者の権利宣言**」、1975年には「**障害者の権利宣言**」を採択したことに次ぎ、これらを単なる理念としてではなく、社会において実現するという意図のもと、国連において指定されました。

「障害者の問題を解決する努力は、本来、国の開発戦略の不可欠な部分である。したがって国際障害者年のプログラムの計画と実施にすべての国連加盟国,関連政府機関及び非政府機関の参加が必要である。」と宣言されました。国際障害者年のテーマは「完全参加と平等」(右ページ図参照)で、主な内容は障害者の社会参加への援助、具体的には雇用や公共機関の利用、政治活動等への参加、**リハビリ等予防策の推進の促進支援**が謳われています。

その翌年である1982年には、「**国際障害者年**」の成果をもとに検討されてきた「**障害者に関する世界行動計画**」が総会で決議されました。

この計画の実施にあたって、1983年から1992年までを「**国連・障害者の10年**」と宣言し、各国が計画的な課題解決に取り組むこととなりました。

世界における障害者の権利に関するあゆみ

年	主な出来事	内容
1971年	精神薄弱者の権利宣言	1 精薄者は、実際上可能な限りにおいて、他の人間と同等の権利を有する 2 精薄者は、適当な医学的管理及び物理療法並びにその能力と最大限の可能性を発揮せしめ得るような教育、訓練、リハビリテーション及び指導を受ける権利を有する
1975年	障害者の権利宣言	障害者が等しく人間としての尊厳を尊重され、平等の権利を有し、社会への完全参加と実質的平等とを確保されるべき
1981年	国際障害者年	テーマ：「完全参加と平等」 障害者は、その社会の生活と発展に全面的に参加し、他の市民と同様の生活条件を享受し、生活条件向上の成果を等しく受ける権利を持つ
1982年	障害者に関する世界行動計画	第37回国連総会において採択された障害のある人々の人権を促進するための政策的枠組み。1981年の国際障害者年の趣旨をより具体的なものとするために、障害の予防、障害者のリハビリテーション、及び、障害者の機会均等化という3つの目標を掲げた
1983～1992年	国連・障害者の10年	1982年12月、引き続き、障害者に関する問題、課題に取り組んでいくこととして、1983年から1992年を国連では、「国連・障害者の10年」と定めた。そして、「障害者に関する世界行動計画」が策定された

国際障害者年のテーマ

「完全参加と平等」

① 障害者の社会への身体的及び精神的適応を援助
② 適切な援助、訓練、保護及び指導、雇用の機会の創出
③ 障害者の日常生活参加についての調査研究プロジェクト
④ 経済、社会及び政治活動への参加権に関する教育
⑤ 障害の発生予防、リハビリテーションの効果的施策

まとめ

- ☐ 理念の提言から「社会における実践」を意図し指定された
- ☐ 以後、各国で計画的な課題解決への取組が推進されることに

日本の障害者福祉は日本国憲法の公布が契機に

戦後になり人権保障の考えが普及

日本の障害者福祉のあり方は、第二次世界大戦前後で大きく異なります。**戦前は、障害者の保護は家族の責任とする考え**が根強く、国の施策の対象としては、明治時代に制定された恤救《じゅっきゅう》規則（後の生活保護につながる）や、傷《しょう》痍《い》軍人に対する軍事扶助法（1917年制定）などがあるのみでした。

この時代は、障害者は救貧の対象でしかなく、精神障害者に至っては治安維持目的での保護対象と見なされており、障害者の権利として当然に請求できるものではありませんでした。

第二次世界大戦後、**日本国憲法**が公布制定され、第25条に国民の生存権及び国の生存権保護義務が規定されました。国民には当然、すべての障害者も含まれます。これによりようやく、わが国の社会福祉政策はスタート地点に立ったといえます。

その後、1947年には戦争で負傷した軍人のために身体障害者収容授産施設が設置され、児童福祉法が制定されました。次いで1949年に身体障害者福祉法、1950年には生活保護法も制定され、この児童福祉法、身体障害者福祉法、生活保護法を「**福祉三法**」と呼びます。さらに1960年代に入り、精神薄弱者福祉法、老人福祉法、母子及び寡婦福祉法が制定され、いわゆる「**福祉六法**」が出揃います。

このように、戦争で肢体不自由となった身体障害者を起点として、さまざまな障害や状態について保障が広がっていきました。これらの法律は、戦前の救貧的思想と異なり、障害者が職業を身につけるなど**自立を促す**ことを基本理念としています。

日本の障害者福祉の歴史

年	法律等	内容
第二次 世界 大戦前	恤救規則（1874） 軍事扶助法(1917) 救護法（1929）	明治から昭和初期の社会福祉政策は、障害者を貧困者・社会的弱者と捉え、救貧施策として行われた
1946年	日本国憲法公布	第25条に国民の生存権及び国の生存権保護義務が規定された
1947年 以降	児童福祉法（1947） 身体障害者福祉法 (1949) 生活保護法 (1950)	左記の「福祉三法」の制定 子ども、身体障害者、生活困窮者への福祉・支援がスタートした
1960年 以降	精神薄弱者福祉法（1960） ※現在の知的障害者福祉法 老人福祉法(1963) 母子及び寡婦福祉法 （1964）	知的障害者、高齢者、ひとり親家庭への福祉・支援がスタートした 福祉三法と併せ、「福祉六法」が出揃った さまざまな事情を抱えた人が、どのような状況になっても安心して生活できるよう国が保護し、生活の保障、自立した生活の支援を目的とする

日本国憲法第25条〔生存権〕

すべて国民は、健康で文化的な最低限度の生活を営む権利を有する。
2　国は、すべての生活部面について、社会福祉、社会保障及び公衆衛生の向上及び増進に努めなければならない。

まとめ

- ☐ 戦前は、障害者の保護は家族の責任とされていた
- ☐ 戦後、日本国憲法制定により福祉政策が開始された

制度改革の実施
～福祉の分野に市場原理の導入を図る

▶時代の流れに合わせた大転換

P.14で解説した国際的な機運を受けて、日本の障害福祉政策は戦後さらに発展・拡充していきましたが、1990年代に入りいわゆるバブル経済の崩壊により税収が減少、また社会全体の高齢化や複雑化に伴い、行政がすべてを運営することの弊害も出てきました。

そこで2003年（平成15年）、**それまでの障害福祉サービスのあり方を大転換する制度改革**が実施されました。これが**支援費制度《しえんひせいど》**です。

行政が個々の利用者に対するサービスの割当てを決めるあり方（措置制度）から、**利用者がサービスを選ぶ契約形態**（支援費制度）へと変わったのです。

これに伴い、サービスを提供する側についても規制が緩和され、民間企業やNPOも含めたさまざまな組織が、障害福祉サービスを提供できるようになりました。

その結果、**利用者の自己決定権の尊重やサービスの多様化、健全な市場（競争）原理の導入**といったメリットが得られました。

しかし一方で、精神障害、特定疾患・高次機能障害等の疾患及び障害等については、制度の適用外となっていました。また利用者数の増加による財源不足問題、障害種別間で受けられるサービスが異なるという格差問題、地域ごとにサービス水準の差があり、財源の乏しい地域では質が低下したという地域間格差の問題が新たに生じました。このような問題点を克服するため、のちに**障害者自立支援法**が制定されることになります。

日本の障害者福祉は措置から契約へ

1990年代

税収が減少

高齢化

複雑化

↓ 行政の運営に弊害が出る

2003年　支援費制度が導入される

措置から契約へ変わり、さまざまな組織・団体が障害者サービスに参入するようになった

↓ サービス規制緩和により提供できるサービスが増える

メリット

利用者が自己決定できる

サービスの多様化

事業者間などで競争原理が発生

デメリット

財源不足

障害種別間格差

地域間格差

まとめ

- □ 支援費制度の導入により、利用者がサービスを選べるようになった
- □ 支援費制度のデメリット克服のため、障害者自立支援法が制定された

障害者自らがサービスを選択し契約する支援費制度の扱い

▶ 必要なサービスを自分で選べるようになった

本節では、支援費制度について詳しく解説します。右ページ上は従前の措置制度の図ですが、措置権者である行政が個々の利用者ごとに障害福祉サービスの必要性を判断し、サービス提供事業者とサービス内容を決めていました。利用者（サービス対象者）の意向や要望は反映されず、**一方的にサービスが供給されるだけであった**ことから、自立支援の観点からは問題であったといえます。

右ページ下は支援費制度の図ですが、**サービス利用を決める主体が利用者となりました**。利用者が自身の受けたいと思うサービス（ホームヘルプサービス、デイサービス等の在宅サービスや、身体障害者更生施設、知的障害者授産施設等の施設サービス等）を選び、サービス提供事業者と契約し、利用料金（利用者負担分）を支払い、サービスを受けるというしくみです。

支援費制度において行政（市町村）は、利用者からの支援費の支給申請を受け、決定し、事業者にサービス提供ごとに支援費を支払うという、利用者と事業者を繋ぐ中間的なポジションにあります。

この制度改革により、**利用者の自立支援**が促進され、また**利用者と各事業者が契約により対等な関係に立つ**こととなりました。

もっとも、措置制度が全廃されたわけではありません。障害者が家族から虐待や搾取を受けている場合など、「やむを得ない事由」により支援費制度の利用が困難な場合には、市町村が措置により、障害福祉サービスの提供や施設への入所を決定します。このように、自らを守ることのできない障害者を保護しているのです。

措置制度は行政がサービスを割り当てる

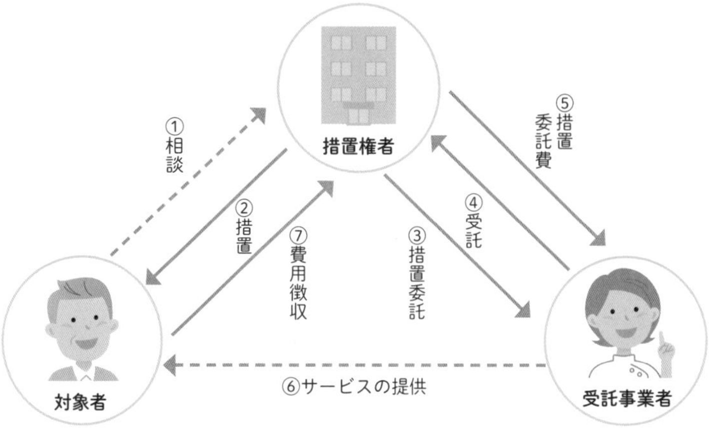

支援費制度は利用者がサービスを選ぶ

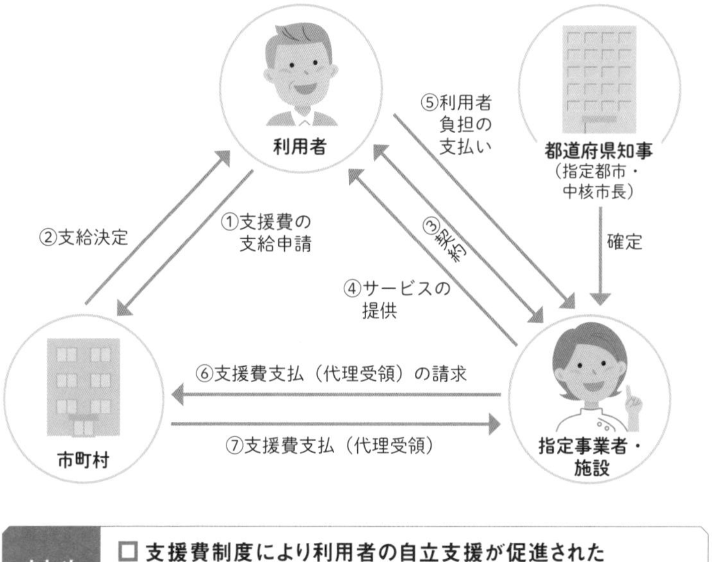

まとめ

- □ 支援費制度により利用者の自立支援が促進された
- □「やむを得ない事由」があれば措置制度が適用される

障害者自立支援法の目的と改革の狙い

支援費制度の問題点を克服するために

P.18で解説した支援費制度の導入による新たな問題点を克服し、障害者が地域で安心して暮らせるノーマライゼーション社会の実現を目指すため、2005年（平成17年）に**障害者自立支援法**が公布されました。ノーマライゼーションとは、障害のある人もない人も、互いに支え合い、地域で生き生きと暮らしていけるよう、障害者の自立と社会参加の促進を図っていくことです。その主な内容は、①これまで障害種別ごとに異なっていたサービス体系の一元化、②利用者本位のサービス体系への再編、③就労支援の抜本的強化、④支給決定の透明化・明確化（障害の状態を示す全国共通の尺度として「**障害程度区分**」（現在は「障害支援区分」）の導入です。

支援費制度を実施する中で大きな課題となっていた安定的な財源の確保については、国が費用の２分の１を義務的に負担するしくみや、サービス量に応じた定率（原則１割）の**利用者負担（応益負担）**が導入されました。支援費制度では家計の収入状況に応じた「応能負担」でした。これは、**障害が重く、サービスを必要とするほど負担が増大する**しくみ（応益負担）であり、不公平であるといった批判がありました。そのため、施行後も検討が行われ、特に利用者負担については、軽減策が講じられてきました。そして、2010年（平成22年）年の法律改正では、利用者負担が抜本的に見直され、これまでの利用量に応じた１割を上限とした定率負担から、負担能力に応じたもの（**応能負担**）になり、2012年（平成24年）4月から実施されています。

障害者自立支援法で変わった利用者負担

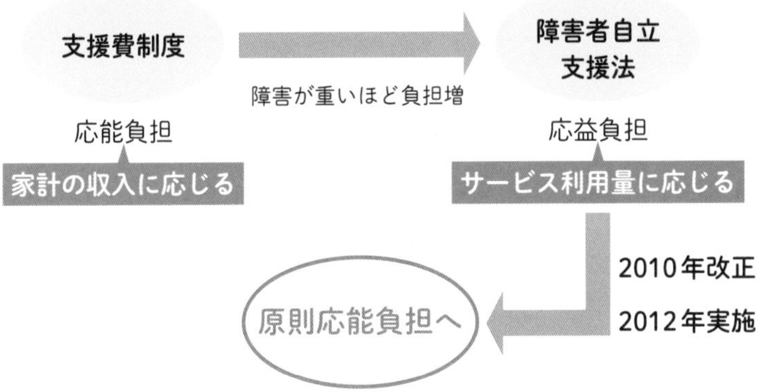

障害者自立支援法の主なポイント

① 障害種別ごとに異なっていたサービス体系の一元化

サービス提供主体を市町村に一元化
障害の種類（身体障害、知的障害、精神障害）にかかわらず
障害者の自立支援目的の共通の福祉サービスは共通の制度により提供

② 利用者本位のサービス体系への再編

サービス利用における利用者負担割合の導入と国の財政責任の明確化

③ 就労支援の抜本的強化

一般就労へ移行することを目的とした事業を創設するなど、働く意欲と能力のある障害者が企業等で働けるよう、福祉側から支援

④ 支給決定の透明化・明確化（障害程度区分を導入）

支援の必要度合いに応じてサービスが公平に利用できるよう、利用に関する手続きや基準を透明化、明確化

まとめ

- □ 自立支援法制定により利用者負担（応益負担）が導入された
- □ 2010年には応能負担を原則とする見直しがなされた

すべての国民は法の下に平等 ～障害者の人権

当たり前だからこそ何度でも確認したい事実

日本国憲法は、「**すべて国民は、個人として尊重される**」と規定し基本的人権の尊重を謳っています（第13条）。**障害者も、当然「国民」に含まれ、健常者等と等しく基本的人権が認められます**。

基本的人権とは、人が人として、生まれながらに持っている基本的な権利です。不当な差別や偏見、或いはさまざまな危険から生活の安全を護り、自由を保障するものです。

具体的には、個人が等しく取り扱われなければならないとする平等権、幸福追求権、思想・表現の自由、健康で文化的な生活を営むことができる生存権、参政権等があります。

国際的動向としては2014年に「**障害者の権利に関する条約**（障害者権利条約）」が批准され、日本でも効力を生じています。基本的人権の中でも重要な人権が「**平等権**」です。憲法第14条は、すべての国民は法の下に平等であり、人種、信条、性別、社会的身分・家柄、政治的・経済的・社会的関係において差別されないとしています。**障害者に対する差別や不平等な取り扱いをすることは許されません**。

障害者も等しく人権を有し、尊重されなければならないことはいわば当たり前のことですが、戦前は私宅監置（いわゆる座敷牢）が設置され、精神障害者が隔離されたり、「国家の足手まとい」として公然と差別されたりするという酷い歴史があります。そして、残念ながら現代でも障害施設内での虐待や陰湿な差別が起きており、報道されることもあります。すべての人が人権について理解を深める必要があるといえるでしょう。

日本国憲法が規定する基本的人権

権利	意味	内容
自由権	国家権力によっても侵害されない個人の自由	信教・学問・思想・言論（表現）・集会・結社・通信の秘密・職業選択・居住・移転の自由・拘禁の禁止・拷問や残虐な刑罰の禁止など
平等権	権利・自由の享有や義務の負担について差別されないという権利	法の下の平等（法適用の平等・法内容の平等）、障害を理由とする偏見や差別の解消、貴族制度の廃止など
社会権	国に対し、人としての最低限の生活を請求する権利	生存権・教育を受ける権利・勤労の権利・労働基本権
参政権	政治に参加する権利	選挙権・被選挙権
請求権	基本的人権を実現し自らの利益を守るため国家に請求する権利	国家賠償請求権・裁判を受ける権利・刑事補償請求権・請願権

日本国憲法第13条〔基本的人権〕

すべて国民は、個人として尊重される。生命、自由及び幸福追求に対する国民の権利については、公共の福祉に反しない限り、立法その他の国政の上で、最大の尊重を必要とする。

日本国憲法第14条〔法の下の平等〕

すべて国民は、法の下に平等であって、人種、信条、性別、社会的身分又は門地により、政治的、経済的又は社会的関係において、差別されない。

2　華族その他の貴族の制度は、これを認めない。

3　栄誉、勲章その他の栄典の授与は、いかなる特権も伴はない。栄典の授与は、現にこれを有し、又は将来これを受ける者の一代に限り、その効力を有する。

まとめ

- □ 障害者も、当然健常者等と等しく基本的人権が認められる
- □ 障害者に対する差別や不平等な取扱いをすることは許されない

就労支援と労働関係法
～障害があっても働くことができる

▶働くことも大切な基本的人権の一つ

働くということは、社会とつながりをもち、生活の糧を得る人としての基本的活動であり、障害者であっても人権として保障されます。日本国憲法第27条は、「**すべて国民は、勤労の権利を有し、義務を負ふ**」と定め、障害者も、当然「国民」に含まれ、健常者等と等しく労働の権利が認められます（障害者権利条約第27条、P.24参照）。

しかし、障害の種類や程度もさまざまであり、健常者と同じ条件で働くことが難しい場合もあるでしょう。

1960年にその原型が定められた**障害者雇用促進法**は、障害者を雇用する事業者側に①障害者の雇用義務、及び②納付金制度（障害者雇用に伴う事業主の経済的負担の調整を図る）を定めています。

事業主に雇用される障害者は労働契約関係にあることとなるため、労働関係法に定める「労働者」であるとされ、一般の労働者と同様に労働基準法、最低賃金法、労災補償保険法、労働契約法などの労働関係法規が適用されます。例えば、障害者雇用においても1日8時間、週40時間を超えて働いてもらう場合は36協定（さぶろくきょうてい）を結ぶことが求められます。そのうえで、個々の障害の程度や特徴に配慮しなければなりません。

他方、就労受け入れ先との間に労働契約関係のない障害を有する人（**福祉的就労者**）については、労働契約関係にないことから「労働者」とみなされず、原則として**労働関係法の保護を享受しない**という限界があります。しかし、障害者権利条約の定めによれば福祉的就労者であろうと等しく労働者として保護を受けるべきでしょう。

日本国憲法第27条〔勤労の権利の義務、勤労条件の基準及び、児童酷使の禁止〕

すべて国民は、勤労の権利を有し、義務を負ふ。
2　賃金、就業時間、休息その他の勤労条件に関する基準は、法律でこれを定める。
3　児童は、これを酷使してはならない。

企業に課される障害者雇用義務

障害者雇用促進法のあゆみ

1960年	身体障害者雇用促進法
1976年	法定雇用率の達成を義務化・雇用給付金制度創設
1987年	障害者雇用促進法へ改名
1998年	知的障害者を適用対象に拡張
2018年	精神障害者を適用対象に拡張

①障害者の雇用義務
最低雇用率は2.3%。43.5 人以上の規模の企業は障害者雇用義務が発生
②納付金制度
障害者の雇用状況が上記の法定雇用率に満たない場合、障害者雇用納付金の納付義務が生じる

雇用関係あり
↓
労働関係法令が適用される

労働者

雇用関係なし
↓
労働関係法令は適用されない

まとめ
- ☐ **障害者雇用促進法は、企業に障害者の雇用義務を課す**
- ☐ **福祉的就労者は労働関係法の保護を受けない**

企業における障害者の雇用と労働者としての権利

差別のない働きやすい職場を

障害者権利条約に対応するための枠組みとして制定された障害者雇用促進法は、企業に一定割合での障害者の雇用を義務付けるだけでなく、2013年（平成25年）の改正により①**障害を理由とする差別の禁止**と、②**職場における合理的配慮**を義務化しました。

①については、採用や人事評価などの場面において、障害者であることを理由に評価せず、その人の労働能力等を適性に評価した結果であることを具体的に説明できる必要があります。

②の合理的配慮とは、障害のある人が障害のない人と平等に人権を享受し行使できるよう、1人ひとりの特徴や場面に応じて発生する障害・困難さを取り除くための、個別の調整や変更を意味します。例えば、読み書きが困難な人のために音声読み上げソフトで対応できるようにする、精神障害の場合は曖昧な言葉や指示を避ける、マニュアルに基づいて業務を進めてもらう、優先順位や期限を明確にしておくなどが挙げられます。

また、この差別の禁止や合理的配慮の提供に関して、相談窓口の設置など、**障害者からの相談に適切に対応するために必要な体制**を整備することや、雇用している障害のある人から苦情が出た場合に、その**苦情に対して自主的に解決する努力義務**を定めています。

職場等で合理的配慮が提供されなかった場合、罰則が適用されることはありませんが、訴訟において公序良俗（民法90条）、不法行為（民法709条）、信義則（労働契約法3条4項）、解雇権濫用（労働契約法16条）等に該当する場合は**賠償義務が課される可能性**があります。

障害者雇用促進法（2013年改正）による義務化

① 障害を理由とする差別の禁止

- 求人に応募してきた障害者に対して、身体障害、知的障害、精神障害（発達障害を含む）があることを理由に採用を拒否してはならない

例 車いすだから、人工呼吸器をつけているから、「うちの会社では働ける環境ではない」とするなど

- 募集、採用の機会は障害のない人と均等でなければならない
- 障害があることを理由に障害のない人より賃金を低く設定したり、賃金を引き下げてはならない。研修、実習などを受けさせない、昇進をさせない、食堂や休憩室など会社の施設、設備の利用を認めないなども許されない
- 他の従業員に障害者の人権や特性などの障害に関する教育を行い、雇用への理解を求めるといった活動をすること

② 職場における合理的配慮

- 障害のある人が採用試験を受けたり、実際に労働するうえで、その人の障害に合わせた配慮をすることが求められる

例 視覚障害のある人が採用試験を受ける際、試験問題を点訳する、音読する、解答時間を延長するなどの配慮

- 労働場面では、車いす利用の人に机や作業台の高さを調整する、知的障害や発達障害、聴覚障害などのある人に対して口頭だけではなく、視覚的な資料やマニュアルを使って指導する、相談員を配置するといった配慮

まとめ
- □ 2013年改正により差別の禁止と合理的配慮が義務化された
- □ 義務に反した場合、賠償義務が課される可能性

Column

あらゆるバックグラウンドを持つ人が等しく生きる社会を

ノーマライゼーションという言葉が、近年障害福祉政策や障害者雇用を促進させるうえで重要な概念として認識されています。

元々は「標準化」「正常化」という意味ですが、障害者や高齢者などが、健常者や若者と等しく生きるために、社会基盤や福祉の充実などを整備していく考え方を指します。

障害者や高齢者のような、いわゆる社会的弱者に対して一般社会のあり方に合わせるよう求めるのではなく、社会システムのほうを変えることで、社会的弱者が生きがいを見つけ、役割を担っていける社会をつくりあげようという点が特徴です。

1959 年にデンマークで「知的障害者福祉法」が成立したことを契機に、欧米社会で広く認知されるようになりました。日本では国連総会が 1981 年に宣言した「国際障害者年」をきっかけにノーマライゼーションの考え方が意識され始め、厚生労働省が、障害の有無にかかわらず多くの人が地域社会において活躍できる社会の構築を政策として掲げ、ノーマライゼーションの理念に沿って障害者の自立と社会参加の促進に取り組んでいます。

ノーマライゼーションが具体化したものとして、「バリアフリー」や「ユニバーサルデザイン」があります。

駅や空港などの公共施設で車いすが走行しやすいようスロープや専用のエスカレーターを設置したり、視覚障害者のために音声情報案内システムを導入したりといった取組みなど、街中を見渡せば数多くの工夫や配慮が目に入ることでしょう。

IT 技術の進化に伴い、さらに便利な道具や斬新なアイディアも生まれています。

COMPREHENSIVE SUPPORT ACT FOR PERSONS WITH DISABILITIES

Part 2

障害者総合支援法は、誰のための法律か？

障害者総合支援法の目的と全体像を知る

▶自立支援法からの進化

障害者総合支援法（以下「総合支援法」）は障害者自立支援法（以下「自立支援法」）を前身とし、2013年（平成25年）4月に施行された法律です。自立支援法は障害者が単に「自立」した社会生活を送るために必要な支援を提供すると謳うものでした（第一条）。しかし総合支援法では、第一条において「**基本的人権を享有する個人としての尊厳にふさわしい日常生活又は社会生活**」と定義し直されたのです。このような社会生活を送ることができるような地域社会の実現こそが総合支援法の目的ですが、字面の変更にとどまるものではなく非常に大きな意味を有しています。

「自立」とは障害を克服したり、人の助けを借りずに生活できるようになることを意味するのではなく、障害があってもなくても、**すべての人は基本的人権を享受する個人として尊重されるべきであり、支障なくその人らしい社会生活を営めること**と再定義しました。この理想を実現するために総合支援法として生まれ変わったのです。

総合支援法は自立支援法を改正する形でつくられたため、法律の基本的な構造は同じですが、根本的な目的が、より基本的人権を保障する方向に進化したといえるでしょう。

総合支援法で受けられる福祉サービスには、介護や就職支援といったサービス利用者へ個別に支給される「**自立支援給付**」と、利用者の状況に応じて市町村や都道府県が柔軟にサービスを行う「**地域生活支援事業**」があります。障害や難病のある人は、必要に応じてこれらのサービスを複数組み合わせて利用することができます。

障害者総合支援法の意味

(目的) 第一条

この法律は、障害者基本法 の基本的な理念にのっとり、(…) 障害者及び障害児が基本的人権を享有する個人としての尊厳にふさわしい日常生活又は社会生活を営むことができるよう、必要な障害福祉サービスに係る給付、地域生活支援事業その他の支援を総合的に行い、もって障害者及び障害児の福祉の増進を図るとともに、障害の有無にかかわらず国民が相互に人格と個性を尊重し安心して暮らすことのできる地域社会の実現に寄与することを目的とする。

障害者総合支援法の規定する福祉サービス

障害や難病のある人は必要に応じて利用できる

自立支援給付

介護や就職支援といったサービス利用者へ個別に支給される

例) 在宅で介護の支援を受ける「介護給付」
就職のための訓練などを受ける「訓練等給付」
医療費の支援である「自立支援医療」など

地域生活支援事業

利用者の状況に応じて市町村や都道府県が柔軟にサービスを行う

例) 相談支援、成年後見制度利用支援、コミュニケーション支援など

・3年ごとに福祉サービスについて見直し改正される
・最初の改正が2018年に行われ、2021年改正ではインターネットを介した遠隔支援等サービスの充実が図られた

まとめ

- □ 総合支援法により障害者の「自立」の意義が再定義された
- □ 受けられるサービスは自立支援給付と地域生活支援事業

支援の対象となる障害の拡充 ～障害の種類と範囲

共通化を果たした自立支援法、拡充させた総合支援法

総合支援法の対象になる障害の範囲は、身体障害者、知的障害者、精神障害者（発達障害者を含む）、満18歳に満たない者で、身体・知的・精神に障害のある児童（障害児）、18歳以上の者で、政令で定める難病（治療法が確立していない疾病その他の特殊の疾病）等により障害がある者です。

自立支援法では対象外であった**難病が含まれる**ようになったことで、これまで制度の谷間にあり十分な支援が受けられずにいた難病等についても支援が及ぶこととなりました。

発達障害についても「精神障害者に含む」とされていたものが、明確にサービス対象と位置づけられました。

総合支援法は、このように対象が拡充された点が大きな特長ですが、障害の種類に関係なく、**共通の制度のもとで支援を行う**という点も従来の制度からの大きな変更になります。以前は、障害の区分ごとに別個の法律を根拠としてサービスを提供していたため、複雑で非合理的な体系となっていたものを、自立支援法により共通化し、総合支援法へと進化していきました。

これにより、現在の総合支援法では、身体障害者手帳の有無にかかわらず必要と認められた障害福祉サービスを利用できるようになりました。なお、18歳未満の障害のある子どもへのサービスは、児童福祉法で規定されています。

障害支援区分の名称や定義についても、障害の多様性や実態を踏まえて見直されました。

総合支援法の対象となる障害の範囲

①18歳以上で次の条件に該当する者

・身体障害者
・知的障害者
・精神障害者（発達障害者を含む）

②満18歳に満たない障害児

・満18歳に満たない者で、身体・知的・精神に障害のある児童（発達障害児も含む）

③18歳以上の難病患者

・総合支援法で指定されている難病による障害がある者その程度が日常生活や社会生活に相当の制限が加わると認められる場合に、総合支援法の障害福祉サービスを受ける対象となる

共通化によりサービスが体系化された

自立支援法前

障害によって適用される法律が異なる

身体障害者→身体障害者福祉法
知的障害者→知的障害者福祉法
精神障害者→精神保健及び精神障害者福祉法
発達障害者→発達障害者支援法　…

↓

自立支援法以後

自立支援法により一本化
さらに総合支援法により対象を拡充

まとめ

- ☐ 発達障害と難病も支援対象に
- ☐ 共通の制度のもとで支援を行う

障害福祉サービスの2つの柱「自立支援給付」「地域生活支援事業」

国、都道府県、市町村が重なり合いながら支援

総合支援法が定める障害福祉サービスは、**「自立支援給付」と「地域生活支援事業」に大別されます**。

自立支援給付

障害のある人が**個別に必要な支援（介護給付、訓練等給付、自立支援医療等）を受けるサービス**です。障害の種別（身体障害・知的障害・精神障害・難病患者等）に関係なく誰も受けられますが、その手続きは各人と事業者との間で契約を交わす形式で、障害者の自己決定を尊重し、利用者本位でのサービス提供が大原則とされています。

実施主体は市町村ですが、国が全国共通の基本的な運用ルールを定めます。サービスを受けるには、受給者証の交付後、事業者との契約が必要です。サービスに必要な費用から利用者負担額を差し引いた額を市町村が障害福祉サービス費として支給します。

地域生活支援事業

障害者及び障害児が基本的人権を享受する個人としての尊厳にふさわしい日常生活又は社会生活を営むことができるよう、地域の特性や利用者の状況に応じ、柔軟な形態により計画的に実施する事業です。**相談支援事業、コミュニケーション支援事業、移動支援事業、日常生活用具給付等事業など**があります。

地域生活支援事業には市町村が主体の事業と都道府県が主体の事業があり、都道府県は人材育成や都道府県内の広域な事業を担います。全国一律の自立支援給付と異なり、各自治体ごとに地域の実情に応じた柔軟かつきめ細かな対応が期待できます。

障害者総合支援法第二条1項1号（一部省略）

市町村は、この法律の実施に関し、次に掲げる責務を有する。
一　障害者が自ら選択した場所に居住し、又は障害者若しくは障害児（以下「障害者等」という。）が自立した日常生活又は社会生活を営むことができるよう、当該市町村の区域における障害者等の生活の実態を把握した上で、公共職業安定所その他の職業リハビリテーションの措置を実施する機関、教育機関その他の関係機関との緊密な連携を図りつつ、必要な自立支援給付及び地域生活支援事業を総合的かつ計画的に行うこと。

自治体の給付と実施する事業

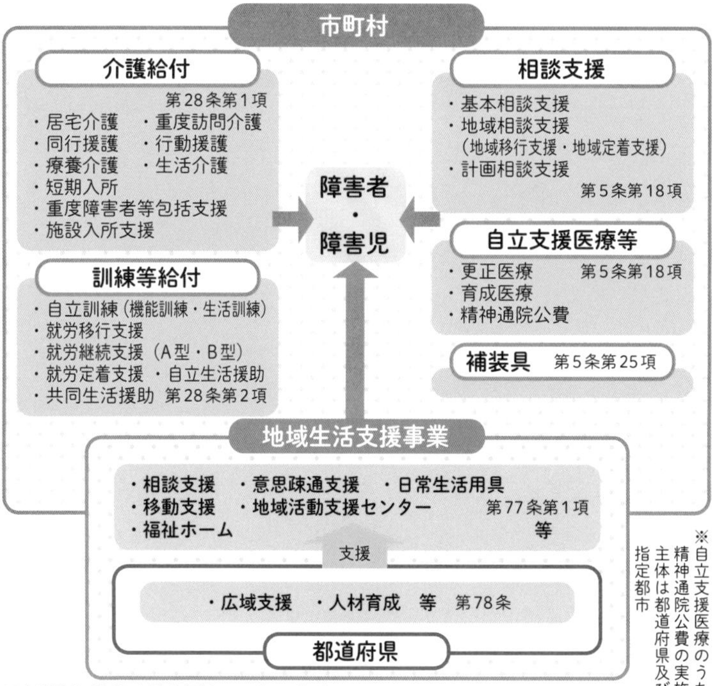

※自立支援医療のうち精神通院公費の実施主体は都道府県及び指定都市

厚生労働省「新たな障害福祉サービスの体系」より

まとめ

- ☐ 総合支援法の2本柱は自立支援給付と地域生活支援事業
- ☐ 自立支援給付は国による統一ルール、地域生活支援事業は自治体ごと

個別に支給決定される「自立支援給付」で利用できるサービス

主な給付は介護給付費と訓練等給付費

自立支援給付は、**介護の支援サービスを受ける場合の介護給付費、自立訓練や共同生活援助などの訓練等給付費**の2つが主となります。障害の種別（身体障害・知的障害・精神障害・難病患者等）に関係なく、誰でも必要なサービスを受けることができます。手続きは多少異なりますが、いずれも支給決定を受けて利用できるサービスが決まります。必要に応じサービス利用期間を更新できます。

介護給付

自宅での介護の支援や行動の援助などのサービスの総称です。通所・入所施設を利用するときなどでも利用できます。居宅介護、重度訪問介護、行動援護、短期入所（ショートステイ）、生活介護、施設入所支援など9つのサービスがあります（P.40参照）。

訓練等給付

障害者が日常生活や社会生活を営むために、生活や機能の向上、就職等を目指して必要な訓練などを提供します。自立訓練、就労移行支援、就労継続支援などを受けた場合に支給されます（P.42参照）。

その他の自立支援給付

サービス等利用計画を作成する相談支援、必要な医療を提供する自立支援医療、補装具の購入・修理にかかる補装具費の給付等が受けられます。

また、利用者負担が著しく高額となった場合の高額障害福祉サービス費や、低所得世帯の救済措置としての特定障害者特別給付費、療養介護医療費等があります。

自立支援給付のサービス概要

自立支援給付

障害福祉サービス

介護給付
- 居宅介護（ホームヘルプ）
- 重度訪問介護
- 同行援護
- 行動援護
- 重度障害者等包括支援
- 短期入所（ショートステイ）
- 療養介護
- 生活介護
- 施設入所支援

訓練等給付
- 自立訓練（機能・生活）
- 就労移行支援
- 就労定着支援
- 就労継続支援
- 自立生活援助
- 共同生活援助（グループホーム）

相談支援
- 計画相談支援
- 地域移行支援
- 地域定着支援

自立支援医療
- 更生医療
- 育成医療
- 精神通院医療

補装具

介護給付

自宅での介護の支援や行動の援助などのサービスの総称

通所・入所施設を利用するとき等でも利用できる

居宅介護、重度訪問介護、行動援護、短期入所（ショートステイ）、生活介護、施設入所支援など９つのサービスがある

訓練等給付

障害のある人が日常生活や社会生活を営むために、生活や機能の向上、就職等を目指して必要な訓練などを提供するサービス

自立訓練、就労移行支援、就労継続支援、共同生活援助を受けた場合に支給される

相談支援

障害福祉サービス等の申請に係る支給決定前に、サービス等利用計画案を作成し、支給決定後に、サービス事業者等との連絡調整等を行うとともに、サービス等利用計画の作成を行う。また、支給決定されたサービス等の利用状況の検証（モニタリング）を行い、サービス事業者等との連絡調整などを行う

まとめ

- ☐ 自立支援給付の主要なサービスは介護給付と訓練等給付
- ☐ 介護給付は日常生活のサポート、訓練等給付は必要な技能を身につける訓練

介護の支援を受ける「介護給付」は個別支援計画に基づく

▶訪問系、日中活動系、施設系に分かれる介護給付

自立支援給付の１つである「介護給付」は、障害者の日常生活に合わせ①**訪問系**、②**日中活動系**、③**施設系**の３種類に分類されます。

①訪問系

在宅介護、重度訪問介護、同行援護、行動援護、重度障害者等包括支援があります。**居宅介護**は、ヘルパーが障害者宅を訪問、食事や入浴などの介護や家事援助を行います。**重度訪問介護**は重度の肢体不自由で常時介護を必要とする障害者に身体介護や家事援助を、**同行援護**は視覚障害の外出支援、**行動援護**は知的障害者や精神障害者の行動支援を行います。

②日中活動系

短期入所、生活介護、療養介護があります。**短期入所**は、障害者が在宅生活を送れないときに一時的に施設に入所します。**療養介護**は、医療と介護を常に必要とする人に、医療機関において提供する日中支援サービスです。**生活介護**は主として日中に施設で入浴、排泄、食事などの介護やレクリエーションなどを行います。

③施設系

施設入所支援があります。施設に入所する人に、夜間や休日に入浴、排泄、食事の介助などを行います。入所施設のサービスは、昼のサービスと夜のサービスに分かれており、サービスの組み合わせを選択できます。

以上の事業を利用する際には、利用者1人ひとりの**個別支援計画**が作成され、利用目的にかなったサービスが提供されます。

介護給付による支援サービス

障害者 者　障害児 児

区分	給付	サービス	対象	内容
訪問系	介護給付	居宅介護	者 児	自宅で、入浴、排泄、食事の介護等を行う
訪問系	介護給付	重度訪問介護	者	重度の肢体不自由者又は重度の知的障害若しくは精神障害により行動上著しい困難を有する者であって常に介護を必要とする人に、自宅で、入浴、排泄、食事の介護、外出時における移動支援、入院時の支援等を総合的に行う（日常生活に生じるさまざまな介護の事態に対応するための見守り等の支援を含む）
訪問系	介護給付	同行援護	者 児	視覚障害により、移動に著しい困難を有する人が外出するとき、必要な情報提供や介護を行う
訪問系	介護給付	行動援護	者 児	自己判断能力が制限されている人が行動するときに、危険を回避するために必要な支援、外出支援を行う
訪問系	介護給付	重度障害者等包括支援	者 児	介護の必要性がとても高い人に、居宅介護等複数のサービスを包括的に行う
日中活動系	介護給付	短期入所	者 児	自宅で介護する人が病気の場合などに、短期間、夜間も含めた施設で、入浴、排泄、食事の介護等を行う
日中活動系	介護給付	療養介護	者	医療と常時介護を必要とする人に、医療機関で機能訓練、療養上の管理、看護、介護及び日常生活の世話を行う
日中活動系	介護給付	生活介護	者	常に介護を必要とする人に、昼間、入浴、排泄、食事の介護等を行うとともに、創作的活動又は生産活動の機会を提供する
施設系	介護給付	施設入所支援	者	施設に入所する人に、夜間や休日、入浴、排泄、食事の介護等を行う

まとめ

- □ 介護給付は訪問系、日中活動系、施設系の3つに分類される
- □ 事業を利用する際には、利用者1人ひとりの個別支援計画が作成される

「訓練等給付」は自立と就労の訓練を支援する

暮らしと就労を支援する訓練等給付

訓練等給付は、**障害者が自分らしい生活を営み、就労を行うために必要なスキルを身につける訓練を行う**目的で給付されます。主要なものとして①自立訓練、②就労移行支援、③就労継続支援、④共同生活援助（グループホーム）の4種類に分類されます。

①自立訓練

自立した日常生活又は社会生活ができるよう、一定期間、身体機能または生活能力の向上のために必要な訓練を行います。**身体機能の維持・向上を図る機能訓練と生活能力の維持・向上のための生活訓練**があります。

②就労移行支援

一般企業等への就労を希望する65歳未満の人に、就労に必要な知識及び能力の向上のために必要な訓練を行います。あん摩マッサージ指圧師免許などを取得し、就労を希望する人の支援もあります。

③就労継続支援

一般企業等での就労が困難な人に、働く場を提供するとともに、知識及び能力の向上のために必要な訓練を行います。**A型とB型**があり、前者は雇用契約に基づき継続的に就労することが可能な65歳未満の人の支援、後者は生産活動にかかる知識及び能力の向上や維持が期待される人の支援を非雇用型で行います。

④共同生活援助（グループホーム）

夜間や休日、共同生活を行う住居で、相談や日常生活上の援助を行います。

訓練等給付で自立をサポートする

訓練等給付	自立訓練 （機能訓練・生活訓練）	自立した日常生活又は社会生活ができるよう、一定期間、身体機能又は生活能力の向上のために必要な訓練を行う
	就労移行支援	一般企業等への就労を希望する人に、一定期間、就労に必要な知識及び能力の向上のために必要な訓練を行う
	就労継続支援 （A型＝雇用型、 B型＝非雇用型）	一般企業等での就労が困難な人に、働く場を提供するとともに、知識及び能力の向上のために必要な訓練を行う
	共同生活援助 （グループホーム）	夜間や休日 共同生活を行う住居で、相談や日常生活上の援助を行う

就労支援の体系

- 就労支援型
  - 就労移行支援
  - 就労継続支援A型（雇用型）
  - 就労継続支援B型（非雇用型）

訓練等給付の組み合わせもできる

日中は
就労継続支援で働く

＋

夜間や休日は
グループホーム

まとめ	
	□ 生活に必要なスキル取得を支援する訓練、就労に関するスキルの訓練がある
	□ 就労継続支援には雇用型と非雇用型がある

地域ごとの計画で実施される さまざまな「地域生活支援事業」

▶市町村と都道府県が相互に協力して行うサービス

地域生活支援事業は、障害のある人が、住み慣れた地域で個人としての尊厳をもって日常生活や社会生活を営むことができるよう、**住民に最も身近な市町村を中心にさまざまな生活支援を行います**。市町村が行うもの（**市町村地域生活支援事業**）と、都道府県が行うもの（**都道府県地域生活支援事業**）があります。

地域生活支援事業の内容は、各自治体に委ねられており、地域ごとの障害福祉計画で定められます。複数の市町村が連携し広域的に実施することも、事業の全部または一部を民間団体などに委託し実施することもできます。

市町村の行う事業

地域で暮らす障害者の生活に直接結びつく支援を提供します。移動支援、日常生活用具給付等、コミュニケーション支援、成年後見人支援、地域活動支援センター、相談支援等があります。どの市町村でも必ず実施しなければならない**必須事業**と、市町村の判断で選択できる任意事業があります。その他に重要な事業として**障害支援区分認定等事務**があります。

都道府県の事業

都道府県は、**専門性の高い人材育成や都道府県内の広域な事業**を担います。専門性の高い相談支援事業、専門性の高い意思疎通支援を行う者の養成や派遣を行う事業、意思疎通支援を行う者の派遣に関わる市町村相互の連絡調整を行う事業、広域的な支援事業などが必須事業とされ、市町村をサポートする体制をとっています。

地域生活支援事業の必須事業の種類

市町村地域生活支援事業

事業名	内容
理解促進研修・啓発事業	障害のある方が日常生活及び社会生活をするうえで生じる「社会的障壁」をなくすため、地域の住民に対して、障害のある方に対する理解を深めるための研修会やイベントの開催、啓発活動などを行う
自発的活動支援事業	障害のある方、その家族、地域住民などが地域において自発的に行う活動（ピアサポート、災害対策、孤立防止活動、ボランティア活動など）を支援する
相談支援事業	障害のある方、その保護者、介護者などからの相談に応じ、必要な情報の提供や権利擁護のための援助を行い、自立した生活ができるよう支援する
成年後見制度利用支援事業	障害福祉サービスを利用しまたは利用しようとする知的障害のある方または精神障害のある方に対して、成年後見制度の利用について必要となる経費のすべてまたは一部について補助を行う
成年後見制度法人後見支援事業	成年後見制度における法人後見活動を支援するために、実施団体に対する研修、安定的な実施のための組織体制の構築、専門職による支援体制の構築などを行う
意思疎通支援事業	聴覚、言語機能、音声機能、視覚その他の障害のため、意思疎通を図ることに支障がある方のために、手話通訳者や要約筆記者、失語症者向け意思疎通支援者等の派遣、点訳、代筆、代読、音声訳による支援などを行う
日常生活用具給付等事業	重度障害のある方等に対し、自立生活支援用具等の日常生活用具の給付または貸与を行う
手話奉仕員養成研修事業	聴覚障害のある方との交流活動の促進、市町村の広報活動などの支援者として期待される手話奉仕員（日常会話程度の手話表現技術を取得した者）の養成研修を行う
移動支援事業	屋外での移動が困難な障害のある方について、外出のための支援を行う
地域活動支援センター機能強化事業	障害のある方に対し、創作的活動または生産活動の機会の提供、社会との交流の促進等を行う

都道府県地域生活支援事業

事業名	内容
専門性の高い相談支援事業	発達障害、高次脳機能障害に関するものなど、特に専門性の高い相談について、必要な情報提供等を行う
専門性の高い意思疎通支援を行う者の養成研修事業	手話通訳者、要約筆記者、盲ろう者向け通訳・介助員、失語症者向け意思疎通支援者の養成を行う
専門性の高い意思疎通支援を行う者の派遣事業	手話通訳者、要約筆記者または失語症者向け意思疎通支援者について、市町村域を越える広域的な派遣、複数市町村の住民が参加する障害者団体などの会議や研修への派遣、専門性の高い分野で市町村では対応できない場合の派遣を行う また、盲ろう者向け通訳・介助員の派遣を行う
意思疎通支援を行う者の派遣に係る市町村相互間の連絡調整事業	市町村域または都道府県域を越えた広域的な派遣を円滑に実施するため、市町村間では派遣調整ができない場合には、都道府県が市町村間の派遣調整を行う
広域的な支援事業	市町村域を越えて広域的な支援が必要な事業を行う

まとめ

- ☐ **市町村が主体となるもの、都道府県が主体となるものがある**
- ☐ **地域生活支援事業は必須事業と任意事業に分かれている**

016 COMPREHENSIVE SUPPORT ACT FOR PERSONS WITH DISABILITIES

障害福祉サービスを利用できるようになるまで

障害支援区分が認められなければ始まらない

障害福祉サービスは、医療保険のように**誰もが利用できるものではありません**。利用の必要性を総合的に判定するため、支給決定の各段階で、障害者の心身の状況（障害支援区分）、社会活動や介護者、居住等の状況、サービス等利用計画案、サービスの利用意向、訓練・就労に関する評価を把握し、市町村が勘案したうえで支給決定がなされます。それにより各種サービスを利用できるようになります。

総合支援法で定める障害福祉サービスを利用するためには、まず、居住する市町村の窓口に申請（支給申請）し、**障害支援区分の認定を受ける必要**があります。

支給申請は、障害者本人、障害児の場合は保護者が、申請を行う者の氏名、生年月日その他必要な事項を記した申請書を最寄りの市町村に提出して行います。相談支援事業者に申請の代行を依頼することもできます。

申請を受けた市町村は、認定調査員による訪問調査を行い、2段階の評定を行い、その結果認定した**障害支援区分を通知**します。

利用者は指定特定相談支援事業者が作成した**サービス等利用計画案**を市町村に提出し、市町村はその計画案や勘案すべき事項をふまえて、サービス量などを支給決定します。

支給決定が行われた後に、指定特定相談支援事業者は、サービス担当者会議を開催してサービス事業者などとの連絡調整を行い、**サービス等利用計画**を作成します。

その後利用者と事業者間で契約を行い、サービスが開始します。

サービス利用の流れ（介護給付の場合）

相談・申請
・市町村の障害福祉担当窓口や相談支援事業者に相談する
・サービスの利用を希望する場合は、市町村の障害福祉担当窓口に申請する

↓

障害支援区分認定

認定調査
・市町村の認定調査員と面接する
・全国共通の質問票により、心身の状況に関する80項目と概況の調査が行われる

↓

一次判定
・認定及び医師意見書の一部の結果に基づき、コンピューター判定が行われる

← 一部

医師意見書
・かかりつけ医に申請者の心身の状態、特別な医療などの意見を求める（市町村が依頼する）

↓

二次判定
・一次判定結果、概況調査、医師意見書などを踏まえ、市町村審査会で二次判定を行う

↓

認定・結果通知
・二次判定の結果に基づき、非該当、区分1から区分6の認定が行われる

↓

サービス利用意向の聴取、サービス等利用計画案の提出
・市町村から計画案の提出が求められている場合は提出する
・サービス等利用計画案は指定特定相談支援事業者が作成する
・申請者自身による作成も可能

↓

支給決定
・市町村では、障害支援区分や本人・家族の状況、利用意向、サービス等利用計画案などを踏まえてサービスの支給量などを決定し、申請者に通知する

↓

サービス等利用計画の作成
・決定した内容に基づき、指定特定相談支援事業者はサービス等利用計画を作成します。申請者自身による作成も可能

↓

サービスの利用開始
・申請者は、サービス提供事業所と契約を結び、サービスの利用を開始する
・サービスの量や内容等については、利用開始後も一定期間ごとに確認を行い、必要に応じて見直しを行う

まとめ
- □ **サービスを利用するには市町村に対し支給申請が必要**
- □ **障害支援区分に応じ、利用できるサービスが異なる**

障害児の場合はサービスによって法律体系が異なる

▶児童福祉法で定められる

総合支援法は障害児についても関係しますが、**主要な法律としては児童福祉法があります**。その関係は複雑で、訪問系のサービスは総合支援法が、通所系や入所サービスは児童福祉法が担当しています。

以前は障害児を対象とした通所や施設等の事業は、施設入所等は児童福祉法、児童デイサービス等は自立支援法等と個別の法律を根拠として実施されてきました。これが2012年（平成24年）4月以降、それぞれの根拠規定が児童福祉法に一本化され体系が再編されました。

さらに2018年（平成30年）4月の総合支援法及び児童福祉法の一部改正により、**スタッフが障害児宅に訪問して発達支援を行う「居宅訪問型児童発達支援」サービスの新設**など、障害児への支援を行う場が拡大しました。

児童福祉法が定める障害児向けサービスは、**通所による支援（「障害児通所支援」）と入所による支援（「障害児入所支援」）**の2つに大別されます。障害児の定義は、児童福祉法第4条第2項に規定されますが、18歳未満の者であって以下の①～④のいずれかに該当する人をいいます。

①身体障害者福祉法第4条に規定する身体障害者

②知的障害者福祉法にいう知的障害者

③精神障害者福祉法第5条に規定する精神障害者（発達障害者支援法第2条第2項に規定する発達障害者を含む）

④難病により継続的な日常生活等に相当な制限を受ける者

児童福祉法

（児童の福祉を保障するための原理）
第一条　全て児童は、児童の権利に関する条約の精神にのっとり、適切に養育されること、その生活を保障されること、愛され、保護されること、その心身の健やかな成長及び発達並びにその自立が図られることその他の福祉を等しく保障される権利を有する。

第四条第２項
　この法律で、障害児とは、身体に障害のある児童、知的障害のある児童、精神に障害のある児童（発達障害者支援法第二条第二項に規定する発達障害児を含む。）又は治療方法が確立していない疾病その他の特殊の疾病であつて障害者の日常生活及び社会生活を総合的に支援するための法律第四条第一項の政令で定めるものによる障害の程度が同項の厚生労働大臣が定める程度である児童をいう。

総合支援法と児童福祉法で管轄が異なる

2012年の児童福祉法改正による障害児施設・事業の一元化

障害児支援の強化を図るため、従来の障害種別で分かれていた施設体系について、通所・入所の利用形態の別により一元化

《障害者自立支援法》【市町村】
- 児童デイサービス

《児童福祉法》【都道府県】
- 知的障害児通園施設
- 難聴幼児通園施設
- 肢体不自由児通園施設（医）
- 重症心身障害児（者）通園事業（補助事業）

通所サービス → 《児童福祉法》【市町村】
障害児通所支援
- 児童発達支援
- 医療型児童発達支援
- 放課後等デイサービス
- 保育所等訪問支援
  2018.4～対象拡大
- 居宅訪問型児童発達支援
  （新規）2018.4～

- 知的障害児施投
  第一種自閉症児施設（医）
  第二種自閉症児施設
- 盲児施設
  ろうあ児施設
- 肢体不自由児施設（医）
  肢体不自由児療護施設
- 重症心身障害児施設（医）

入所サービス → 【都道府県】
障害児入所支援
- 福祉型障害児入所施設
- 医療型障害児入所施設

（医）とあるのは医療の提供を行っているもの

まとめ
- □ 通所・入所サービスは児童福祉法の管轄
- □ 2012年の法改正により根拠法が児童福祉法に一元化された

Column

障害者総合支援法の2024年改正に向けて①

「障害者総合支援法」は3年ごとに見直されてきましたが、直近の2024年の改正に向け、①就労支援のしくみ　と②グループホームのあり方が大きく変わろうとしています。本コラムでは、①を紹介します。

2022年夏、厚生労働省は、就労を希望する障害者のある人の得意なことや適した仕事を事前評価するしくみ（就労選択支援（※仮称））を創設する方針を取りまとめました。障害者本人が自分に適した仕事を知る手助けをするとともに、企業側にとっては雇用に際して、どのような配慮が必要かを事前に把握できるようにし、企業などでの就労拡大につなげる狙いです。

この新たなサービスは、民間事業所などが、国の指定を受けて障害のある人の企業での就労を支援します。

例えば、パソコンへの入力や事務、軽作業などの業務を実際に事業所などで就業希望者に行ってもらいます（期間は2週間から2カ月程度）。こうした試し期間を経て、障害のある人の得意なことや特性を見出し、より本人に適した仕事を紹介できるようになります。これを就労アセスメントといいます。

事前評価の結果は、市町村や福祉の事業所、ハローワークの職員らが参加する会議で情報共有し、就労支援に役立てられます。

現状は、このようなアセスメントを専門で行う機関がなく、事前評価を実施する場合も、形式的なことが少なくありませんでした。

このシステムにより企業も障害者を採用しやすくなり、仕事内容と能力のミスマッチを防ぐ効果が期待できるでしょう。

COMPREHENSIVE SUPPORT ACT FOR PERSONS WITH DISABILITIES

Part 3

自立支援給付で できること

自立支援給付にはどのようなものがあるか

自立支援給付の概要

自立支援給付とは、利用者である障害者に個別で提供されるサービスです。一言で自立支援給付といっても、そのサービス内容は多岐に渡ります。具体的には、**介護支援サービスを受ける場合の「介護給付」と、自立訓練や共同生活援助などの「訓練等給付」の2つが中心となっています**。

介護給付は、在宅支援や通所・入所施設を利用する際に、日常生活に必要な介護サービスを受けるためのものです。居宅介護（ホームヘルプ）、重度訪問介護、同行援護、行動援護、重度障害者等包括支援、短期入所（ショートステイ）、療養介護、生活介護、施設入所支援といった、合計で9つのサービスがあります。

一方、訓練等給付は、社会の一員として日々の生活を送るために必要な支援を受けるためのサービスが提供されます。主に、自立訓練、就労移行支援、就労継続支援（A型・B型）などがあります。支給を受けるためには、利用したサービス内容が所定の項目に合致していることが条件となっています。

また、**介護給付と訓練等給付に分類されない自立支援給付として、自立支援医療や補装具があります**。自立支援医療には更生医療や育成医療などがあり、障害のある人が自立した生活を送るために支給されます。補装具は、補装具の購入・修理の際に給付を受けられます。その他にも、障害者福祉サービスを利用する際に必要となるサービス等利用計画の作成や、利用者の自己負担額が著しく高額になった場合の高額障害福祉サービスがあります。

自立支援給付一覧

自立支援給付

介護給付

- 居宅介護（ホームヘルプ）
- 重度訪問介護
- 同行援護
- 行動援護
- 重度障害者等包括支援
- 短期入所（ショートステイ）
- 療養介護
- 生活介護
- 施設入所支援

訓練等給付

- 自立訓練（機能訓練　生活訓練）
- 就労移行支援
- 就労継続支援A型（雇用型）、就労継続支援B型（非雇用型）
- 就労定着支援
- 自立生活援助
- 共同生活援助（グループホーム）

自立支援医療

- 更生医療
- 育成医療
- 精神通院医療

その他

- サービス等利用計画の作成
- 高額障害福祉サービス

補装具

まとめ	
	□ 自立支援給付とは、利用者である障害者に個別で提供されるサービスである
	□ 介護給付と訓練等給付の他にも、自立支援医療や補装具など多岐に渡る

介護給付①
居宅介護／重度訪問介護

居宅介護とは

居宅介護は居宅に出向き、食事や入浴、排泄などの身体介護や、調理・洗濯などの家事援助の支援を行います。

障害支援区分が1以上の人が対象ですが、通院等介助を算定する場合は、以下のいずれにも該当することが条件となります。

① 障害支援区分が2以上に該当していること

② 障害支援区分の認定調査項目のうち、歩行・移乗・移動・排尿・排便に関して、部分的あるいは全面的な支援が必要であること

そのため、家族が支援を行うことが適当であると判断された場合や、日常生活に支障がないと判断された場合は利用できません。

重度訪問介護とは

重度訪問介護は常時介護を必要とする重度障害者に対して、食事や入浴、排泄などの身体介護、調理、洗濯などの家事支援を行います。

対象者は、重度の肢体不自由者で常時介護を必要とする障害者（区分4以上）、重度の知的障害者及び精神障害者のうち、次のいずれかに該当することが条件となります。

① 以下のどちらにも該当していること

（ア）二肢以上に麻痺等がある

（イ）障害支援区分の認定調査項目のうち、歩行・移乗・排尿・排便のいずれも「できる」以外に認定されている

② 障害支援区分の認定調査項目のうち行動関連項目等の合計点数が10点以上である者

居宅介護と重度訪問介護の対象者とサービス

居宅介護

対象者	障害支援区分１以上
サービス内容	居宅における ・入浴、排泄及び食事等の介護 ・調理、洗濯及び洗濯等の家事 ・生活等に関する相談及び助言 外出時における ・病院への通院のための移動介助や屋内外における移動等の介助または通院先等での受診等の手続き、移動等の介助

重度訪問介護

対象者	障害支援区分４以上に該当し、次の①または②のいずれかに該当する者 ①二肢以上に麻痺等があり、障害支援区分調査項目のうち「歩行」、「移乗」、「排尿」、「排便」のいずれもが「支援が不要」以外に認定されていること ②障害支援区分認定調査項目のうち行動関連項目等（12項目）の合計が10点以上である
サービス内容	在宅における ・入浴、排泄及び食事等の介護 ・調理、洗濯及び掃除等の家事 ・その他生活全般にわたる援助 外出時における ・移動中の介護 ※日常生活に生じるさまざまな介護の事態に対応するための見守り等の支援を含む

まとめ

- ☐ 居宅介護は、障害支援区分1以上の利用者の居宅にて生活全般にわたる支援を提供するサービス
- ☐ 重度訪問介護は、重度の肢体不自由者で常時介護を必要とする障害者、重度の知的障害者・精神障害者に自宅で生活全般にわたる支援を提供するサービス

介護給付②
同行援護／行動援護と療養介護／生活介護

同行援護／行動援護とは

同行援護は、視覚障害により移動が著しく困難な障害者に対して、外出時に同行しながら**移動に必要な情報提供や移動の援護、その他の便宜を図る支援**です。

対象者は、移動に著しい困難を有する視覚障害で、同行援護アセスメント調査項目中「視力障害」「視野障害」「夜盲」のいずれかが1点以上であること、かつ、「移動障害」の点数が1点以上の人です。

一方、**行動援護**は重度の知的障害者・障害児など、自傷・異食・徘徊などの行動障害に対する援護を必要とする人に対して、**危険を避けるなどの支援を行う介護サービス**です。

対象者は、障害支援区分が3以上、かつ障害支援区分の認定調査項目のうち行動関連項目等の合計点数が10点以上の人です。

療養介護／生活介護とは

療養介護は、長期入院が必要な常時介護を要する障害者に対して、**機能訓練や療養上の看護医学的管理の下で、介護や日常生活の支援サービス**を行います。対象者は、病院等への長期入院による医療的ケアに加え、常時の介護を必要とする身体・知的障害者です。

生活介護は、常時介護を必要とする人が安定した生活を送るために必要な**入浴、排泄、食事の介護のほか、創作活動や生産活動の機会を提供するサービス**です。対象者は、障害支援区分が3以上（施設入所の場合は4以上）の人となっており、50歳以上の場合は障害支援区分が2以上（施設入所の場合は3以上）の人が対象です。

同行援護／行動援護の対象者とサービス

同行援護

サービス内容	視覚障害により移動が著しく困難な障害者に対して、外出時に同行し移動に必要な情報提供や移動の援護、その他の便宜を図る
対象者	・視覚障害により、移動に著しい困難を有する障害者等である ・同行援護アセスメント調査にて「視力障害」「視野障害」「夜盲」のいずれかが1点以上、かつ「移動障害」の点数が1点以上

行動援護

サービス内容	重度の知的障害者・障害児など、自傷・異食・徘徊などの行動障害に対する援護を必要とする方に対して、危険を避けるための介護サービスを提供する
対象者	・障害支援区分が区分3以上である ・障害支援区分の認定調査項目のうち行動関連項目等の合計点数が10点以上

療養介護／生活介護の対象者とサービス

療養介護

サービス内容	常時介護を必要とする人のうち、長期入院による医療的ケアが必要な場合において、介護サービスや日常生活の支援サービスを提供する
対象者	・病院等への長期の入院による医療的ケアに加え、常時の介護を必要とする身体・知的障害者 ① 筋萎縮性側索硬化症（ＡＬＳ）患者等気管切開を伴う人工呼吸器による呼吸管理を行っている者であって、障害支援区分6の者 ② 筋ジストロフィー患者又は重症心身障害者であって、障害支援区分5以上の者 ・平成24年3月31日において現に重症心身障害児施設又は指定医療機関に入院している者であって、平成24年4月1日以降療養介護を利用する者

生活介護

サービス内容	常時介護を必要とする人が安定した生活を送るために必要な入浴、排泄、食事の介護のほか、創作活動や生産活動の機会を提供する
対象者	・障害支援区分が3以上（施設入所の場合は4以上） ・50歳以上の場合は、障害支援区分が2以上（施設入所の場合は3以上）

まとめ

- □ **利用者の障害支援区分や認定調査項目の結果により受けられるサービスが異なる**
- □ **外出時の移動の援護や、危険予知、医療的ケア、創作活動などサービス内容は多岐に渡る**

介護給付③
短期入所／重度障害者等包括支援、施設入所支援

▶短期入所（ショートステイ）／重度障害者等包括支援とは

短期入所（ショートステイ）は、障害者が障害者支援施設などに**短期間だけ入所し、食事・入浴・排泄などの介護支援を受けます**。介護者が病気やけがなどで、一時的に介護できない場合に利用されます。

重度障害者等包括支援は、とりわけ介護の必要性が高い重度の障害のある人に対して行われる介護サービスです。地域社会で安心した生活を営むことを目的とし、**複数のサービスを個別に申し込まずとも包括的にサービスを受けることができます**。対象者は、常に介護の必要性があり、意思疎通に著しく支障がある重度障害者で、障害の度合いによってⅠ類型～Ⅲ類型に分類されます。

▶施設入所支援とは

施設入所支援は、**障害者支援施設入居者が日常生活の介護や支援を受けられる介護サービス**です。主に、夜間にも介護ケアが必要な人に対応します。入浴、食事、着替えなどの介助や、調理や洗濯などの生活に関する支援、相談等の日常サポートを提供します。

対象者は、介護などの必要性から障害者支援施設に入居している人です。ただし、生活介護や自立訓練あるいは、就労移行支援などの日中活動のサービスを利用する必要もあります。

具体的な条件としては、生活介護を受けている人で障害者支援区分が4以上（50歳以上の場合は3以上）であること。自立訓練や就労移行支援などの訓練を受けている方で、入所しながら訓練を行う必要がある人、あるいは通所での訓練が困難な人が対象となります。

短期入所（ショートステイ）施設の種類

1. 併設型	2. 空床利用型	3. 単独型
障害者支援施設（入所施設）に併設され、一体となり運営	障害者支援施設（入所施設）の利用されていない居室を利用	障害者支援施設（入所施設）以外に設けられた、短期入所専用の事業所

重度障害者等包括支援の対象者

- 常に介護が必要で、かつ意思疎通が著しく困難で、四肢の麻痺や寝たきり状態にある人
- 知的障害または、精神障害により行動上著しく困難な人（強度行動障害等）

I類型

1. 障害支援区分６の「重度訪問介護」対象者
2. 医師意見書の「身体の状態に関する意見」の「麻痺」における「左上肢、右上肢、左下肢、右下肢」において、いずれも「ある」に認定（軽、中、重のいずれかにチェックされていること）
3. 認定調査項目「起居動作 寝返り」において「全面的な支援が必要」と認定
4. 認定調査項目「特別な医療 レスピレーター」において「ある」と認定
5. 認定調査項目「認知機能 コミュニケーション」において「日常生活に支障がない」以外に認定

II類型

1. 概況調査において知的障害の程度が「最重度」と確認
2. 障害支援区分６の「重度訪問介護」対象者
3. 医師意見書の「身体の状態に関する意見」の「麻痺」における「左上肢、右上肢、左下肢、右下肢」において、いずれも「ある」に認定（軽、中、重のいずれかにチェックされていること）
4. 認定調査項目「起居動作 寝返り」において「全面的な支援が必要」と認定
5. 認定調査項目「認知機能 コミュニケーション」において「日常生活に支障がない」以外に認定

III類型

1. 障害支援区分６の「行動援護」対象者
2. 認定調査項目「認知機能 コミュニケーション」において「日常生活に支障がない」以外に認定
3. 「行動援護項目得点」が「10点以上」と認定

まとめ

- ☐ **短期入所（ショートステイ）は、障害者を障害者支援施設などに一時的に短期間だけ入所させ、食事・入浴・排泄などの介護支援を提供するサービス形態**
- ☐ **重度障害者等包括支援は、サービスを個別に申し込まずに複数のサービスを一括で受けられる**

訓練等給付①
自立訓練／就労移行支援

自立訓練とは

自立訓練は、住み慣れた地域で安心して暮らすために、**身体の機能や生活能力の維持または向上を目的に行われるサービス**です。自立訓練には、「機能訓練」「生活訓練」の2つがあり、対象者や実施内容、利用できる期間が異なります。

機能訓練は身体障害のある人が対象で、**生活訓練**は知的障害・精神障害がある人を対象にしたサービスです。生活訓練には「宿泊型」があり、施設などを利用しながら日常生活能力を向上するための支援を行います。夜間や宿泊を通じたトレーニングを実施します。

就労移行支援とは

就労移行支援は、**働くことを希望する65歳未満の障害者で、一般の事業所で働くことが可能な人に向けたサービス**です。具体的には以下のいずれかに該当する人が対象です。

①就労を希望しているが、単独で就労するのが困難で、就労に必要な知識及び技術の習得、もしくは就労先の紹介などの支援が必要な65歳未満の人

②あん摩マッサージ指圧師免許、はり師または灸師免許を取得したことで就労を希望する人

就労移行支援事業者はハローワークや地域障害者職業センターと連携しながら、対象者に対して業務上必要な知識、マナー、その他実践的トレーニングの機会を提供します。就職後も6カ月間は、職場への定着サポートや、仕事上の相談や助言などを受けられます。

自立訓練の対象者と2つのサービス

機能訓練

- 対象：身体に障害のある人、または難病を患っている人
- 内容：障害者支援施設や居宅において、リハビリテーションや歩行訓練、家事の練習といった実践的トレーニングや、生活に関する相談・助言など
- 標準期間：18カ月
- 宿泊型：なし

生活訓練

- 対象：知的障害または精神障害を持つ人
- 内容：障害者支援施設や居宅において、入浴、排泄、食事など、自立した生活のために必要なことを身につける訓練や、生活に関する相談・助言など
- 標準期間：24カ月
- 宿泊型：あり

就労移行支援の流れ

通所初期
個別支援計画書の作成
基礎体力、集中力や維持力の習得
障害特性の理解、適性や課題の把握など

通所中期〜後期
職業習慣の確立
スキル、マナー、挨拶、身なり等の収録
就職活動や体験実習（インターンシップ）

就職

フォロー期（6カ月）
職場への定着サポート
担当者の企業訪問
就職後の相談・助言など

まとめ

- ☐ **自立訓練とは、身体の機能や生活能力の維持または向上を目的に行われるサービス**
- ☐ **就労移行支援は、働くことを希望する65歳未満の障害者で、一般の事業所で働くことが可能な人に向けたサービス**

訓練等給付②

就労継続支援（A型・B型）／就労定着支援

▶就労継続支援（A型・B型）とは

就労継続支援は、働く意思があるにもかかわらず、就労機会になかなか恵まれない人や、支援があれば仕事ができる人に対して就労機会を提供するサービスです。就労継続支援には、就労継続支援Ａ型（雇用型）と就労継続支援Ｂ型（非雇用型）があります。

就労継続支援Ａ型（雇用型）は、障害者と事業者間で雇用契約を結び、働く場を提供します。利用者は雇用を維持するための知識や技能の向上に必要な訓練を受けることもできます。**就労継続支援Ｂ型（非雇用型）**の場合は、障害者と事業者間で雇用関係は結ばれず、施設に通いながら就労や生産活動の機会の提供を受けるというものです。そのうえで､事業所で働くのに必要な知識・技能の向上がみられた場合は、一般就労に向けた支援を受けることができます。

▶就労定着支援とは

就労定着支援とは、就労に向けた支援を受けて一般の事業所に雇用された障害者に対し、その事業所での就労の継続（定着）を図るために必要な支援を行うことです。2018年に始まりました。

具体的な支援内容としては、就労定着支援事業所による勤務先の事業主や障害福祉サービス事業所、医療機関、社会福祉協議会との連絡調整・連携のほか、日常生活及び職業生活上のさまざまな問題に関する相談・指導・助言などの支援を受けることができます。

就労定着支援の対象は、前述した生活介護、自立訓練、就労移行支援、就労継続支援Ａ型・Ｂ型を利用して一般就労した障害者です。

就労継続支援（A型・B型）で受けられるサービス

就労継続支援A型とB型の違い

	メリット	デメリット
就労継続支援 A型 （雇用型）	・雇用契約を結ぶため、最低賃金が保証される ・一般企業への就職者がB型に比べて多い	・一般企業へ就職するための訓練が不十分な場合がある ・年齢制限（原則65歳未満）がある
就労継続支援 B型 （非雇用型）	・利用者の能力に合わせた仕事を確保するので、自分のペースで働くことができる	・雇用契約を結ばないため、最低賃金が保証されない ・単純作業が多く、キャリアアップを望むことは難しい

就労定着支援で受けられるサービス

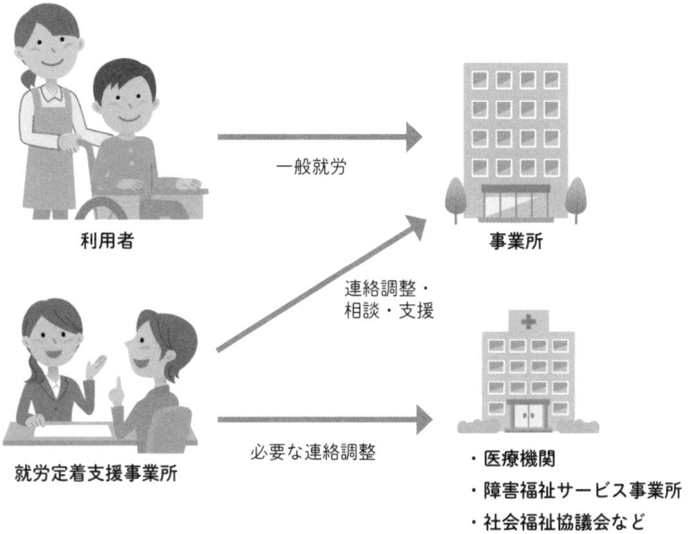

まとめ

- □ 就労継続支援は、就労機会になかなか恵まれない人や、支援があれば仕事ができる人に対して就労の継続を支援するサービス
- □ 就労定着支援は、事業所に雇用された障害者に対し、その事業所での就労の継続（定着）を図るために必要な支援を行うサービス

訓練等給付③
自立生活援助

▶ 地域で1人暮らしを始めた人が受けられる

自立生活援助とは、障害者が居宅で自立した日常生活を送るうえで、問題が発生した際に、相談に応じたり、問題解決に必要な情報の提供・助言を行ったりするサービスです。その他、状況に合わせて厚生労働省令で定めた援助も行います。2018年に創設されました。

自立生活援助の対象は、障害者支援施設、宿泊型自立訓練事業所、共同生活援助事業所、児童福祉施設、精神科病院、福祉ホームのほか、刑事施設や少年院、更生保護施設などから移行し、地域で1人暮らしを始めた障害のある人です。とりわけコミュニケーション力や理解力、生活力などに不安がある人が対象となります。

そのほかにも、同居している家族が障害や疾病などを持っているなど、家族による支援が見込めずに、実質的に1人暮らしと同様の状況にある障害者も対象です。そうした人に向けて、支援事業者は一定期間のあいだ、定期的な巡回訪問や電話やメールなどで随時通報を受けて、その都度適切な支援を行います。

具体的な援助内容としては、食事・洗濯・掃除などの家事や日常生活における問題の確認、ガス・電気・水道などの公共料金の滞納はないか、健康状態に異変はないかの確認、近隣住民と人間関係を築けているかなどの把握です。何か問題があれば相談や助言に対応します。

自立生活援助を実施できる事業者は、居宅介護、重度訪問介護、同行援護、行動援護、宿泊型自立訓練（または共同生活援助）に係る指定障害福祉サービス事業所、指定障害者支援施設（または指定相談支援事業者）となっています。

自立生活援助で受けられるサービス

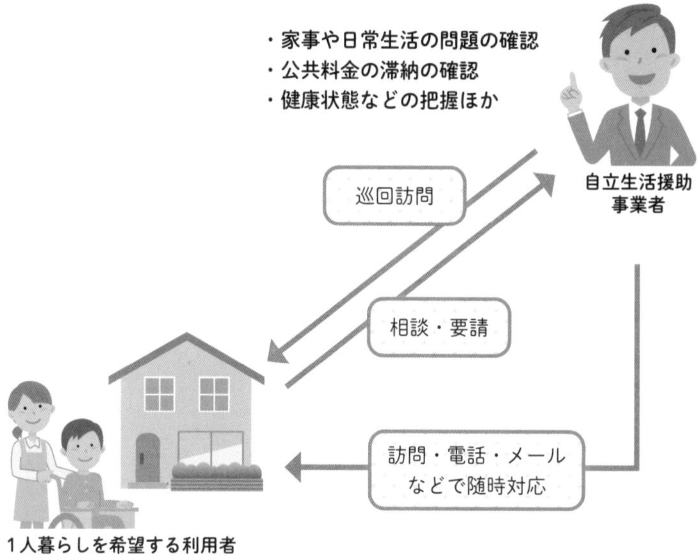

※その他
- 障害福祉サービス事業所、医療機関、行政機関、民生委員などの各支援機関との連絡調整
- 買い物、銀行手続き、通院、役所での手続きなどの支援

まとめ

- □ 自立生活援助とは、障害者が居宅で自立した日常生活を送るうえで、問題が発生した際に相談に応じたり、問題解決に必要な情報の提供・助言を行ったりするサービスのこと
- □ 日常生活や公共料金の支払い、近隣住民との関係性などを確認し、問題があればその都度改善に向けた相談・支援を行う

自己負担額が軽減される自立支援医療

▶公費で医療の自立負担額を軽減

自立支援医療とは、心や体に障害のある人が、自立した日常生活や社会生活を営むために、**必要な医療を受けた際の自己負担を軽減することを目的とした公費負担医療制度**のことです。自立支援医療費を受けることで、**利用者の医療費自己負担額は原則1割負担となり、所得状況や身体状況によって負担額の上限が定められています。**支援の対象となる主な障害と治療例には次のようなものがあります。

- 更生医療及び育成医療
  - 肢体不自由：関節拘縮／人工関節置換術
  - 視覚障害：白内障／水晶体摘出術
  - 内部障害：心臓機能障害／弁置換術、ペースメーカー埋込術／腎臓機能障害／腎移植、人工透析など
- 精神通院医療　精神疾患／向精神薬、精神科デイケアなど

自立支援医療を受けるためには、支給申請手続きを行う必要があります。ただし、**申請内容によって管轄が異なるため、それぞれ手続きを行わなければなりません。**

例えば、育成医療の場合は実施主体が都道府県なので、各都道府県に直接自立支援費の申請を行います。また精神通院医療の場合は、市町村を経由して都道府県に対して申請します。

更生医療の場合は、実施主体が市町村なので、市町村に直接自立支援費の申請を行います。無事申請が通れば、各実施主体は利用者に受給者証を交付します。利用者が指定自立医療機関で診療を受ける際は、受給者証を提出することが求められます。

自立支援医療の対象者と自己負担額

生活保護世帯

負担0円

市町村民税非課税世帯

負担上限月額
①本人収入
80万円以下の場合
2,500円
②本人収入
80万円超の場合
5,000円

中間所得層

負担上限度額
医療保険の
自己負担限度額

育成医療の経過措置

負担上限月額
①市町村民税額
3.3万円未満の場合
5,000円
②市町村民税額
3.3万円以上
23.5万円未満の場合
10,000円

一定所得以上

市町村民税額
23.5万円以上
の場合
公費負担の
対象外

高額治療継続者（重度かつ継続）

負担上限月額
①市町村民税額
3.3万円未満の場合
5,000円
②市町村民税額
3.3万円以上
23.5万円未満の場合
10,000円

負担上限月額
市町村民税額
23.5万円以上
の場合
20,000円

まとめ

- □ 利用者の負担額はかかった医療費の最大1割となる
- □ 申請内容によって手続きの管轄が都道府県または市町村と異なる

補装具・補装具費の支給と判定

▶要件を満たした利用者は費用を請求できる

補装具とは、体に障害のある人が装着するもので、失われた体の一部、あるいは機能を補完する器具のことです。厚生労働大臣は次の3つの要件を満たしたものを「補装具」と定義しています。

1. 身体の欠損や損なわれた機能を補完し、代替するもので、それぞれの障害に対応して設計・加工されたもの
2. 身体に装着して日常生活または、就学・就労に用いるもの。同一製品を継続して使用するもの
3. 給付に際して、医師による専門的な知見を要するもの

補装具費支給制度の要件を満たした利用者は、市町村に対して補装具の購入や修理にかかる費用の請求を行うことができます。その他にも交付や貸与を受ける際にも利用できます。補装具費の支給申請手続きには大きく2通りあります。

1. 償還払方式：利用者が先に業者に全額を支払い、その後、市町村に支払い請求をする方法
2. 代理受領方式：利用者が負担額のみ業者に支払い、残りの支給額分については業者が市町村に請求して支払ってもらう方法

市町村はいずれかの申請を受けた場合、身体障害者更生相談所などの意見をもとに、補装具費の支給が適切かどうか判断します。適切であると認められた場合は支給が決定します。**補装具の購入や修理に係る利用者の自己負担額は、原則1割となります**。ただし、障害者本人または、世帯人のうち市町村民税所得割額の最多納税者の納税額が46万円以上の場合は、補装具費支給対象外となります。

補装具の種類

肢体不自由	義手、義足、上肢装具、下肢装具、体幹装具、座位保持装置、車椅子、電動車椅子、座位保持椅子、起立保持具、歩行器、歩行補助杖、重度障害者用意思伝達装置、排便補助具
視覚障害	盲人安全杖、義眼、眼鏡（コンタクトレンズ）
聴覚障害	補聴器

補助具の種類は、材質や形状、使用用途によって料金が異なるため、あらかじめ管轄する市町村への確認が必要

補装具費支給申請の手続きの流れ

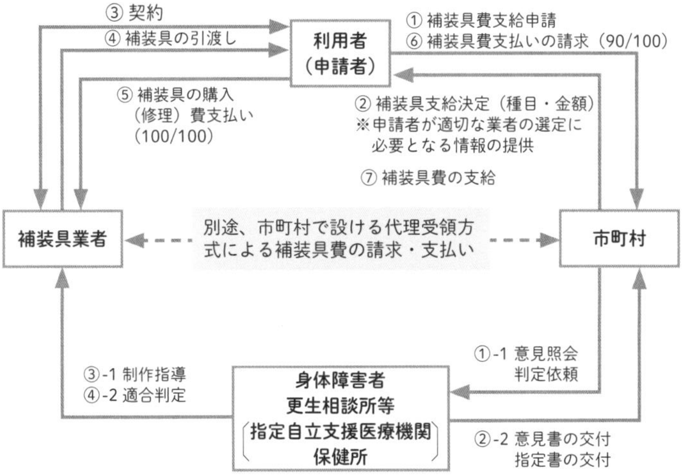

厚生労働省「福祉用具サービスの利用方法」より

まとめ

- □ 補装具とは、体に障害のある人が装着することで、失われた体の一部、あるいは機能を補完する器具のこと
- □ 補装具費支給制度の支給要件を満たすことで、補装具の購入や修理に係る利用者の自己負担額は、原則1割となる

自立支援給付で受けられるその他のサービス

▶サービス等利用計画作成費

自立支援給付の支給決定を受けた障害者や障害児の保護者が特に計画的で継続的な支援を希望する際は、特別な相談や支援が必要になる場合があります。この場合、**相談支援事業者からサービス等利用計画の作成、サービス利用の斡旋や調整などの支援を受けたときは、サービス等利用計画作成費の支給を受けること**ができます。

サービス等利用計画作成費の請求を行うには、市町村の指定を受けた指定相談支援事業者が市町村に直接請求を行うので、サービス利用者が請求を行う必要はありません。またサービス利用者は自己負担がかからないこともメリットです。サービス等利用計画作成費については、現行法では相談支援の内容として規定されています。

▶高額障害福祉サービス等給付費

同一世帯に障害福祉サービス利用者が複数名いると利用額の負担が大きくなり、家計に与える影響も大きくなります。そこで、**世帯の負担を軽減するために、世帯の利用者負担を月額負担上限額まで軽減**します。また利用者が複数名ではない場合でも、複数のサービスを利用し、負担額が高額になることもあります。この場合でも、高額障害福祉サービス等給付費は支給されます。

合算の対象となるサービスは、障害福祉サービス、補装具費、介護保険サービス、障害児支援サービスです。利用者が給付を希望する場合は市町村へ申請しますが、注意点としては**支給方法が償還払い（先に利用者が事業者に対して費用を支払う）**となります。

サービス等利用計画作成費は相談支援と規定

計画的で継続的な支援を必要とするサービスを利用しようとしており、特別な相談・支援を必要とする場合

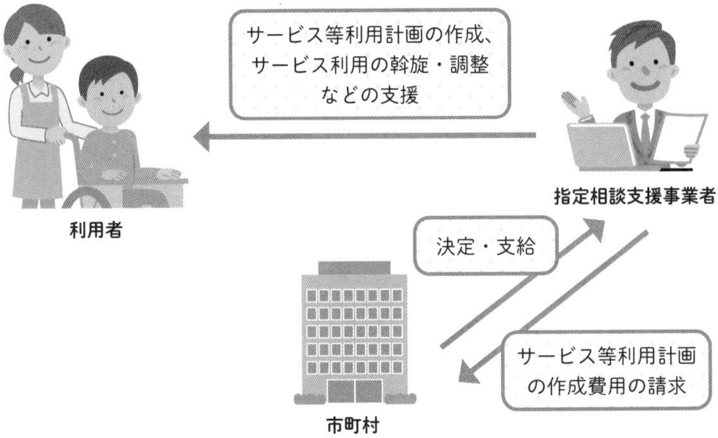

高額障害福祉サービス等給付費の算定例

1人の利用者が複数のサービスを利用している場合
（基準額＝37,200円）

【障害福祉サービス】利用者負担額：25,000円
　→居宅介護、重度訪問介護、短期入所、就労継続支援など
【介護保険】利用者負担額：30,000円
　→訪問介護・訪問看護・通所リハ・福祉用具貸与など
【世帯の利用者負担額の合計】25,000円 ＋ 30,000円 ＝ 55,000円
【償還される金額】55,000円（合計負担額）－ 37,200円（基準額）
　＝ 17,800円

出典：船橋市「高額障害福祉サービス等給付費・高額障害児（通所・入所）給付費のご案内」

まとめ

- □ サービス等利用計画作成費は利用者の自己負担がない
- □ 高額障害福祉サービス等給付費には、利用者が複数名いる場合と単独の利用者が複数のサービスを利用する場合がある

Column

障害者総合支援法の2024年改正に向けて②

2022年10月、「障害者総合支援法」、「障害者雇用促進法」、「精神保健福祉法」などの改正案をまとめた法案が閣議決定されました。

障害者が病院や施設にとどまる社会を脱却し、地域生活に移行することを促進するというノーマライゼーションの理念に基づき、社会の変化に伴う障害者のニーズへのきめ細かな対応を可能とする観点から、地域で中核的な役割を担う「基幹相談支援センター」や、施設からの地域移行の後押しを担い、また日々の相談や緊急時の対応も行う「地域生活支援拠点」などの整備を、新たに市町村の努力義務として定めました。

さらに、共同生活援助（グループホーム）が提供するサービスの内容として、1人暮らしを希望する人への支援や退居後の相談などが含まれることを、法律上明確化します。

従来の長く定住するスタイルのホームと異なり、3年ほどで単身生活に移行することを想定した「通過型」（経過型）と呼ばれる新モデルも新設します。

これまでは、「1人暮らしをしたい」「パートナーと共同生活したい」といった、健常者であれば難なく実現できる希望も、障害者の場合は難しいという現状がありました。国連の委員会からも勧告を受け、この度の改正につながりました。

ライフスタイルの多様化に伴い選択肢が拡充された結果、住居という性格が薄まることにより、グループホームは大きな転換期を迎えています。ホームが「訓練の場」になってしまうのではないかとの不安の声もあり、人権保障の観点から検証する必要もあるでしょう。

COMPREHENSIVE SUPPORT ACT FOR PERSONS WITH DISABILITIES

Part 4

地域生活支援事業でできること

市町村と都道府県で取り組む「地域生活支援事業」

地域ごとのニーズに対応した障害のある人への支援

地域生活支援事業とは、**障害のある人が、住み慣れた地域で安心して日常生活や社会生活を送れるように、市町村や都道府県がさまざまな生活支援を実施するもの**です。

地域生活支援事業の内容は、市町村・都道府県ごとに委ねられており、地域で生活する障害のある人の要望やニーズを踏まえて、地域ごとの創意工夫による柔軟な取り組みを実施しています。市町村が行うもの（**市町村地域生活支援事業**）と都道府県が行うもの（**都道府県地域生活支援事業**）の2つ、さらに**市町村・都道府県が行う事業は、必ず行うことが義務付けられている「必須事業」と、それぞれの判断によって行われる「任意事業」に**分かれています。

例えば、市町村（指定都市、中核都市、特別区を含む）が行う市町村地域生活支援事業の必須事業としては、相談支援事業（P.76参照）や移動支援事業（P.82参照）、意志疎通支援事業（P.78参照）、日常生活用具給付等事業（P.80参照）といった地域での生活に直接結びつく支援事業が挙げられます。また、市町村の判断による任意事業としては、社会福祉法人等の団体が行う事業に対する補助事業があります。

一方、都道府県が行う必須事業は、専門性の高い相談支援事業（P.86参照）、専門性の高い意思疎通支援を行う人の養成研修事業、広域的な支援事業、サービス・相談者・指導者の育成事業など、主に高い専門性が求められる対応業務や市町村のサポートが挙げられます。

任意事業としては、自立した日常生活や社会生活を営むために必要な事業や、社会福祉法人等が行う事業に対する補助事業があります。

地域生活支援事業で受けられるサービス

市町村が行う支援事業の例

- 理解促進研修・啓発事業
- 自発的活動支援事業
- 相談支援事業
  - 障害者相談支援事業
  - 基幹相談支援センター等機能強化事業
  - 住宅入居等支援事業（居住サポート事業）
- 成年後見制度利用支援事業
- 意思疎通支援事業
- 日常生活用具給付等事業
- 手話奉仕員養成研修事業
- 移動支援事業
- 地域活動支援センター
  - 地域活動支援センター基礎的事業
  - 地域活動支援センター機能強化事業（P.84参照）

都道府県が行う支援事業の例

- 専門性の高い相談支援事業
  - 発達障害者支援センター運営事業
  - 障害児等療育支援事業など
- 専門性の高い意思疎通支援を行う人の養成研修事業
  - 手話通訳者・要約筆記者養成研修事業
  - 盲ろう者向け通訳・介助員養成研修事業
- 専門性の高い意思疎通を行う人の派遣事業
- 広域的な支援事業
  - 都道府県相談支援体制整備事業
  - 精神障害者地域生活支援広域調整等事業
- サービス・相談支援者、指導者育成事業
  - 障害者支援区分認定調査員等研修事業
  - 相談支援従業者研修事業など

まとめ

- □ 地域生活支援事業とは、市町村や都道府県が障害者の生活支援を行う事業のこと
- □ 地域生活支援事業は、必須事業と任意事業に分かれている

サービスの利用支援、施設や病院の働きかけを行う「相談支援事業」

障害者や家族を相談などでサポート

相談支援事業は、障害者やその家族が親しんだ地域で自立した生活を送るため、**必要な情報の提供や助言、障害の種別やニーズに対応した障害福祉サービスの利用支援、入所施設や精神科病院への働きかけなど**を行います。その他にも、虐待防止や成年後見制度の利用支援など、障害を持つ人の権利養護のために必要な支援を提供します。

市町村が行う相談支援事業の具体的な内容は次のとおりです。

① 福祉サービスの利用援助（情報提供、相談など）
② 社会資源を活用するための支援（各種支援施策に関する助言・指導など）
③ 社会生活力を高めるための支援
④ ピアカウンセリング
⑤ 権利擁護のために必要な援助
⑥ 各種専門機関の紹介
⑦ 地域自立支援協議会の運営など

これらの相談支援事業を適切に行うために、**相談支援のコアとなる「基幹相談支援センター」や「地域自立支援協議会」を、各市町村に設置することが望ましい**とされています。市町村単独での設置が難しい場合は、複数の市町村合同による設置も認められています。

基幹相談支援センターは、総合相談・専門相談の窓口として、障害の種別や各種ニーズに対応します。一方、地域自立支援協議会は、相談支援事業者への専門的指導・助言、相談支援事業者の人材育成、各相談機関との連携強化の取り組みなどを行います。

障害者総合支援法第77条の2

基幹相談支援センターは、地域における相談支援の中核的な役割を担う機関として、前条第一項第三号及び第四号に掲げる事業並びに身体障害者福祉法第九条第五項第二号及び第三号、知的障害者福祉法第九条第五項第二号及び第三号並びに精神保健及び精神障害者福祉に関する法律第四十九条第一項に規定する業務を総合的に行うことを目的とする施設とする。

相談支援事業で受けられるサービス

基幹相談支援センターで行う業務

総合相談・専門相談

- 総合的な相談支援
- 専門的な相談支援の実施

地域移行・地域定着

- 入所施設や精神科病院への働きかけ
- 地域の体制整備にかかわるコーディネート

権利擁護

- 成年後見制度利用支援事業
- 虐待防止

地域の相談支援体制の強化の取り組み

- 相談支援事業への専門的指導、助言
- 相談支援事業者の育成

まとめ

- □ 相談支援事業とは、障害者や障害児の保護者、介護者からの相談に応じて、情報提供などを行う事業
- □ 各市町村は「基幹相談支援センター」や「地域自立支援協議会」の設置が望ましい

手話通訳や要約筆記でサポートする「意思疎通支援事業」

手話や要約筆記でコミュニケーションをサポート

意思疎通支援事業（コミュニケーション支援事業）は、障害や難病によって意思疎通が困難な障害者に対し、**手話通訳や要約筆記を通じて、他の人とのコミュニケーションを支援する事業**です。

事業内容としては、手話通訳者や要約筆記者の派遣、手話通訳者の設置、点訳、代筆、代読、音声訳などによる支援事業があります。

手話通訳者や要約筆記者には、以下の職種も含まれます。

①手話通訳者

- 手話通訳士…手話通訳を行う者の知識及び技能の審査・証明事業の認定に関する省令に基づき実施された「手話通訳技能認定試験」に合格し、登録を受けた者
- 手話通訳者…都道府県（及び指定都市、中核市）が実施する「手話通訳者養成研修事業」を受講し、手話通訳者として登録を受けた者
- 手話奉仕員…市町村及び都道府県で実施する「奉仕員養成研修事業」を受講し、手話奉仕員として登録された者

②要約筆記者

- 要約筆記奉仕員…市町村及び都道府県で実施する「奉仕員養成研修事業」を受講し、要約筆記奉仕員として登録された者

市町村と都道府県における役割の違いに関して、これまでは市町村と都道府県で役割分担や、広域的な派遣などについて都道府県の関与が明確でありませんでした。これらを解消するために、**障害者総合支援法において市町村と都道府県の役割を明確化**しました。

障害者総合支援法 第七十七条第一項第六号に規定する厚生労働省令で定める便宜

第六十五条の十二　法第七十七条第一項第六号に規定する厚生労働省令で定める便宜は、同号に規定する意思疎通支援を行う者の派遣及び設置その他障害のために意思疎通を図ることに支障がある障害者等に必要な支援並びに日常生活上の便宜を図るための用具であって同号の厚生労働大臣が定めるものの給付及び貸与とする。

意志疎通支援事業で自治体が担う役割

意思疎通支援を行う者の養成

市町村

手話奉仕員の養成

都道府県

手話通訳者、要約筆記者、盲ろう者向け通訳・介助員の養成

意思疎通支援を行う者の派遣

市町村

手話通訳者及び要約筆記者の派遣（点訳、代筆、代読、音声訳などによる支援を含む）

都道府県

盲ろう者向け通訳・介助員の派遣、市町村が派遣できない場合などにおける手話通訳者及び要約筆記者の派遣

まとめ

- □ 意思疎通支援事業は、障害を持つ人に対して、手話通訳や要約筆記を通じて他の人とのコミュニケーションを支援する事業
- □ 意思疎通支援事業の内容は、市町村と都道府県の役割分担が明確化されている

必要な用具を給付または貸与する「日常生活用具給付等事業」

▶障害者の日常を道具の面でサポート

日常生活用具給付等事業とは、**障害のある人が日常生活や社会生活を円滑に営むうえで必要な日常生活用具を給付または貸与し、それによって福祉の増進に資することを目的とした市町村が行う支援事業**です。給付・貸与される用具には、以下の条件が課されています。

A　障害者などが安全かつ容易に使用できるもので、実用性が認められるもの

B　障害者などの日常生活上の困難を改善し、自立を支援し、かつ社会参加を促進すると認められるもの

C　用具の製作、改良または開発にあたって障害に関する専門的な知識や技術を要し、日常生活品として一般に普及していないもの

これら3つの規定をすべて満たした用具として、次の6種類の用具の給付または貸与が行われます。

①　介護・訓練支援用具…入浴担架、特殊寝台、訓練椅子など

②　自立生活支援用具…入浴補助用具、便器、頭部保護帽、移動・移乗支援用具、T字状・棒状の杖、聴覚障害者用屋内信号機など

③　在宅療養等支援用具…吸入器、透析液加湿器、酸素ボンベ運搬車、盲人用体温計など

④　情報・意思疎通支援用具…携帯用会話補助装置、点字ディスプレイ、点字タイプライター、聴覚障害者用携帯レコーダーなど

⑤　排泄管理支援用具…収尿器、ストマ用装具など

⑥　居宅生活動作補助用具…手すりの取り付け、段差の解消などの改修及び付帯して必要な住宅の改修費

日常生活用具給付等事業事務の流れ（償還払いの場合）

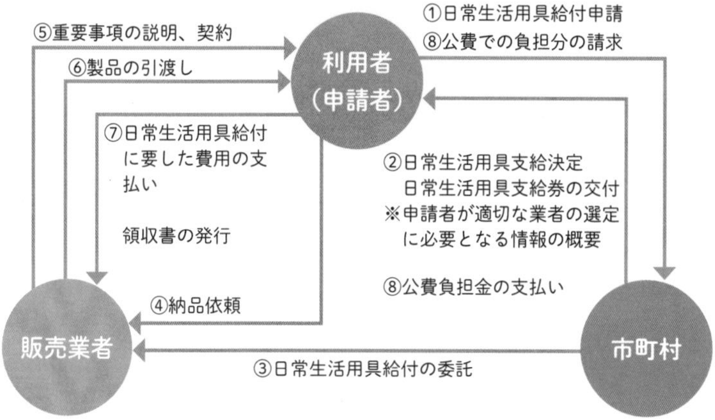

日常生活用具給付等事業事務の流れ（代理受領の場合）

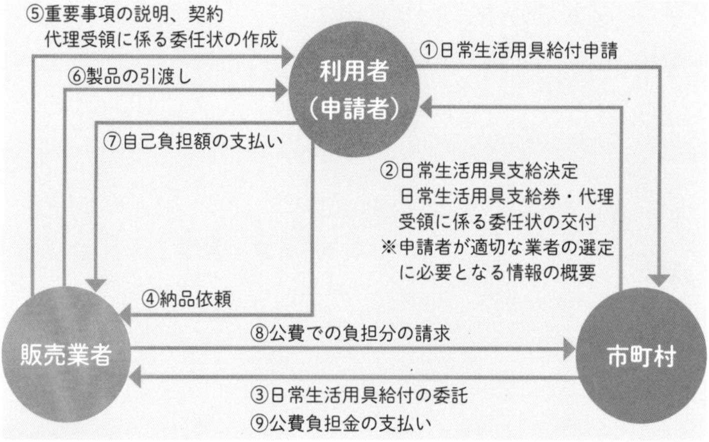

まとめ

- □ **障害者が日常生活や社会生活上で必要な日常生活用具を給付・貸与することで福祉の増進に資するために行われる事業**
- □ **給付・貸与される日常生活用具は、3つの要件を満たしたものでなければならない**

外出のサポートで外出機会を促す「移動支援事業」

移動や外出を支援し、社会参加を促進

移動支援は、**屋外での移動が困難な障害のある人に対して外出の支援を行い、地域における自立した生活及び社会生活への参加を促進する事業**です。

移動支援を実施することで、地域で生活を送るうえで欠かせない教育・文化的活動や冠婚葬祭といった社会活動や、イベントや観劇などの余暇活動へ参加するための外出機会を促します。**実施方法は、各市町村の判断に委ねられており、それぞれの地域の特性や利用者の状況・ニーズに応じて柔軟に対応することが求められます**。

具体的な利用形態としては、次のようなものがあります。

① 個別支援型
個別的な支援が必要な障害者に対するマンツーマンによる支援

② グループ支援型
- 複数の障害者などへの同時支援
- 屋外でのグループワーク、同一の目的地やイベントへの複数人の同時参加時の支援

③ 車両移送型
- 福祉バスなど車両の巡回による送迎支援
- 公共施設・駅・福祉センターなど、障害者などが利用する可能性の高い場所を経路に定めた運行、あるいは各種行事の参加のための運行など、必要に応じた支援

なお、この移動支援は通学や通勤など通年かつ長期にわたる外出には原則として利用できないため、注意が必要です。

▶ 移動支援事業の利用形態

形式別移動支援のイメージ

<個別支援型>
・マンツーマンによる支援

<グループ支援型>
・複数の障害者などへの同時支援
・屋外グループワークや同一目的地などへの同時支援

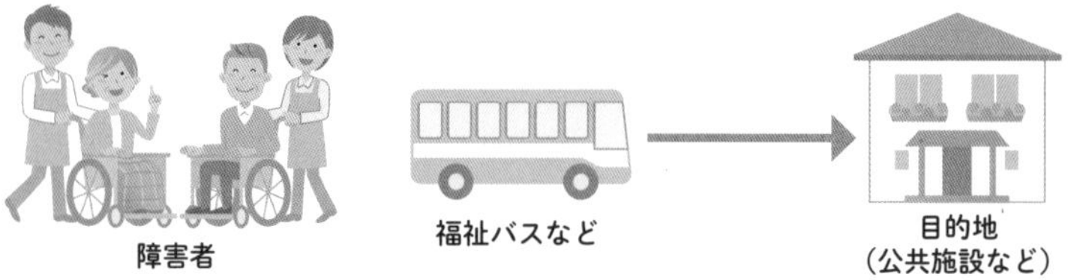

<車両移送型>
・福祉バスなど車両の巡回による送迎支援
・公共施設や駅、福祉センターなど経路を定めた運行
・各種行事参加の他、必要に応じた支援

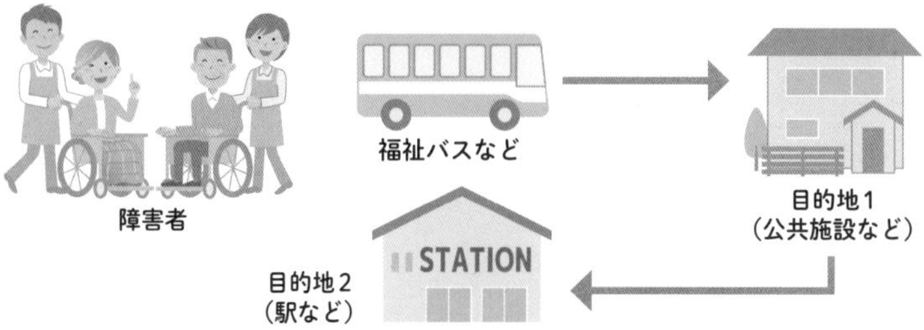

まとめ	
	☐ 屋外での移動が困難な障害者に対して、外出の支援を行い社会生活への参加を促進する ☐ 移動支援事業の内容は各市町村の判断により実施される

地域支援の促進を図る「地域活動支援センター機能強化事業」

▶ 地域のニーズに対応するため各種機能を強化

地域活動支援センター機能強化事業は、「**地域活動支援センター」の機能を強化・充実させることで、地域で生活を営む障害のある人の地域支援の促進を図る事業**です。

地域活動支援センターは、利用者に対して創作的活動や生産活動の機会提供など、地域の実情に応じた支援を行うことを基礎的事業としています。

このセンターの強化事業では、**基礎的事業をさらに強化するために、類型に分けて利用者のニーズに合わせた事業を展開しています**。

＜事業形態の例＞

① 地域活動支援センターⅠ型…専門職員（精神保健福祉士等）の配置による医療・福祉及び地域の社会基盤との連携強化のための調整、地域住民ボランティアの育成、障害に対する理解促進を図るための普及啓発等の事業を実施すること

② 地域活動支援センターⅡ型…地域において雇用・就労が困難な在宅障害者に対し、機能訓練、社会適応訓練、入浴などの自立と生きがいを高めるための事業を実施すること

③ 地域活動支援センターⅢ型…地域の障害者団体等が実施する通所による援護事業の実績が概ね5年以上あり、安定的な運営が図られていること。また自立支援給付に基づく事業所に併設して実施することも可能である

このように、地域活動支援センターの活動内容は、各センターによって異なります。

地域活動支援センターの類型と事業内容・職員配置

機能強化事業

Ⅰ型

事業内容

- 医療・福祉及び地域の社会基盤との連携強化のための調整
- 地域住民ボランティアの育成
- 障害に対する理解促進を図るための普及啓発

職員配置

- 専門職員（精神保健福祉士等）を配置
- 基礎的事業によって配置する職員の他に1名以上（内2名以上常勤）

Ⅱ型

事業内容

- 雇用・就労が困難な在宅障害者に対して、機能訓練、社会適応訓練、入浴等のサービスの実施

職員配置

- 基礎的事業によって配置する職員の他に1名以上（内1名以上常勤）

Ⅲ型

事業内容

- 地域の障害者のための援護対策として、地域の障害者団体が実施する通所による援護事業の実績を概ね5年以上有し、安定的な運営が図られている
- 自立支援給付に基づく事業所に併設して実施することも可能

職員配置

- 基礎的事業によって配置する職員の内1名以上常勤

基礎的事業

事業内容

- 利用者に対して創作的活動、生産活動の機会提供など、地域の実情に応じて行う支援

職員配置

- 2名以上（1名は専任）

まとめ

- □ 地域活動支援センターとは、障害者が地域において自立した日常生活に必要な便宜の供与を適切かつ効果的に行う施設のこと
- □ 地域活動支援センター機能強化事業では、基礎的事業を強化して提供するために、3つの類型を設け、地域に合わせた形で事業を実施している

専門性が高い障害や広域的対応は都道府県が行う

▶ 専門的な対応や体制整備は都道府県が担当

地域生活支援事業の中で、**発達障害や高次脳機能障害などの専門性が高い障害の相談や、広域的な対応が必要とされる事業は、市町村ではなく都道府県が行う事業**とされています。これらを必須事業として実施するほか、**サービス提供者の養成研修事業や社会福祉法人等が行う事業に対する補助事業を任意事業**として行います。

専門性が高い事業の例として、主に以下4つの事業が挙げられます。

① 発達障害者支援センター運営事業…早期の発達障害の発見、発達支援等が行えるよう、専門的な相談やアドバイスを行う。医療・福祉・保険・教育などの関係施設・機関との連携により、発達障害を持つ方への支援体制の整備を促進する（右ページ参照）

② 高次脳機能障害支援普及事業…高次脳機能障害を対象とする支援拠点機関を設置し、市町村や関係機関との地域支援ネットワークの構築や人材育成を図る研修の実施等、地域で適切な治療や支援サービスが受けられる体制整備を促進する（P.89図参照）

③ 障害児等療育支援事業…在宅の重症心身障害、知的障害、身体障害のある人が地域で生活できるよう、地域内の療育機能の充実を図り、療育機能を支援する体制のある施設との連携を図る

④ 障害者就業・生活支援センター事業…就業や日常生活・社会生活上の支援を必要とする障害者が、職業生活上の自立を実現するために、雇用・保険・教育・福祉といった地域内の関係機関と連携を図り、就業の促進や職業生活の安定を図る

発達障害者支援センター運営事業で行うサービス

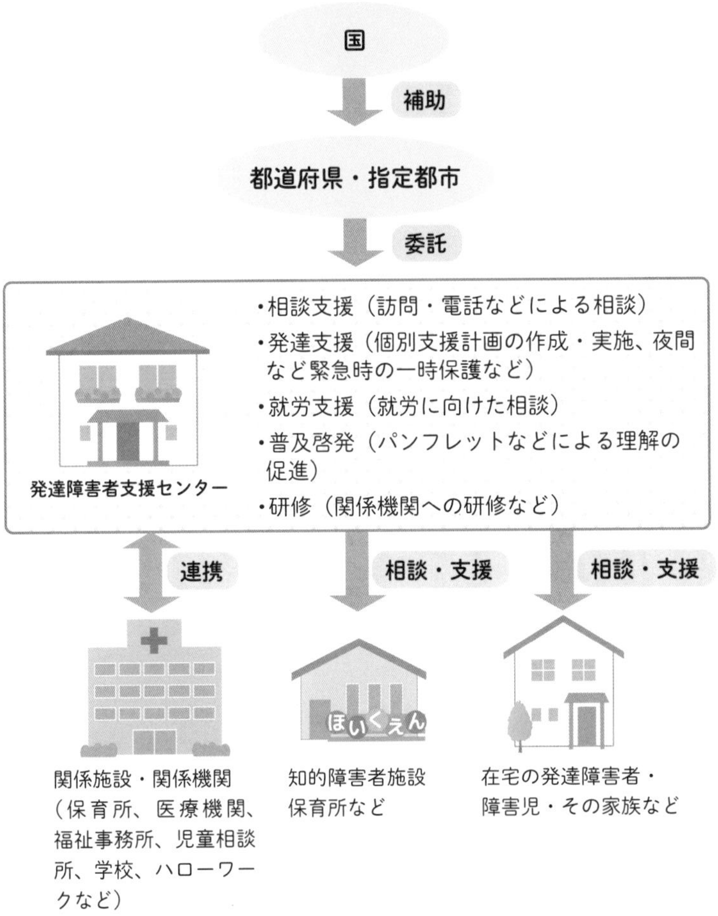

まとめ

- □ 専門性の高い相談支援事業や広域的な対応が求められる事業は都道府県が実施する
- □ 養成研修事業や社会福祉法人等が行う事業に対する補助事業は任意事業として行う

地域を広域的に支援する「都道府県相談支援体制整備事業」

各市町村を繋ぎ、支援する

地域生活支援事業には、市町村が担う役割を超えて行われる支援事業もあります。こうした広域的な支援事業は前節と同様に都道府県が実施します。**都道府県相談支援体制整備事業は、地域における相談体制整備の推進を目的とした事業**です。専門アドバイザーを配置し、地域のネットワーク構築に向けた指導・調整といった支援を行います。

＜都道府県相談支援体制整備事業の内容＞

① 地域のネットワーク構築に向けた指導・調整

② 地域で対応困難な事例に係る助言など

③ 権利擁護、就労支援などの専門部会など、地域における専門的支援システムの立ち上げ援助

④ 広域的課題、複数圏域にまたがる課題の解決に向けた体制整備への支援

⑤ 相談支援従事者のスキルアップに向けた指導

⑥ 地域の社会資源の点検、開発に関する援助など

この他、**支援員の養成や派遣など、専門性の高い意思疎通支援に関する事業も都道府県の必須事業**となっています。

- 専門性の高い意思疎通支援を行う人の養成・派遣事業…手話通訳者・要約筆記者、盲ろう者向け通訳・介助員の養成や派遣
- 意思疎通支援を行う人の派遣にかかわる市町村相互間の連絡調整事業…市町村域や都道府県域を越えた広域的な派遣を円滑に実施するために、市町村間で派遣調整が難しい場合に、都道府県が市町村に代わって派遣調整を行う

高次脳機能障害支援普及事業のサービス

高次脳機能障害者・家族

↓ 専門的相談　↓ サービス利用

支援拠点機関
（リハビリテーションセンター、病院など）

相談支援に関するアドバイザーを配置
（ソーシャルワーカー、ケースワーカー、作業療法士、心理職など）

＜支援体制整備＞
- 関係機関との連携（連絡委員会の開催など）
- 関係機関、自治体職員に対する研修の実施
- 関係機関への指導、助言

＜相談支援＞
- 専門的なアセスメント、ケアプランの作成
- ケアプランに基づくサービスの提供

↑ 指導助言　↑ 委託

都道府県

↑

国立身体障害者リハビリテーションセンター
- 各種支援プログラムの検証と改正
- 研修事業、普及啓発活動

厚生労働省
- モデル事業における成果の提示（マニュアルなど）

まとめ	
	□ 都道府県相談支援体制整備事業は、地域における相談体制整備の推進を目的とした事業
	□ 広域的な支援のほか、障害福祉サービスや相談支援に携わる方の養成や派遣など、専門性の高い意思疎通支援に関する事業も行う

Column

強度行動障害への支援

強度行動障害とは、自傷他害行為、異食その他の本人の健康を損ねる行動、車道への飛び出し等の危険行動、大泣きが何時間も続くなど、周囲に影響を及ぼす行動が著しく高い頻度で起こるため、特別な配慮や支援が必要となる状態をいいます。単体としての障害ではなく、知的障害や自閉症の人の一部に現れる状態であり、全国に2～3万人存在すると推計されます。

2022年10月、厚生労働省は、知的障害者らの一部にみられる強度行動障害をめぐり、障害者の住まいや生活支援にあたる人材育成のあり方に関する有識者検討会を初めて開きました。

検討会では、①施設の種類に応じた役割分担　②自宅で家族と暮らす人に対する支援　③地域の複数の機関で継続的に支えていく仕組み　④専門的な人材の育成・配置　などをテーマとして議論されますが、その中でも自宅で状態が悪化した人を一時的に施設で受け入れてアセスメントし、環境を調整して元の住まいや新たな住まいに移す「集中的支援」の在り方が注目されています。

厚生労働省の同時期の調査によれば、集団で暮らし制約が多い入所施設に入っている全国の障害者のうち、自宅やグループホームなど地域社会での生活に移った人は2020年度末までの4年間で4.9%の約6300人にとどまっていました。

地域への移行が比較的容易な軽度者が施設を出て、重度者や高齢の人が多く残っているという現状があり、重度の知的障害者や強度行動障害を伴うような人も社会参加に向け支援できる専門的な人材の育成や、社会の理解が求められています。

COMPREHENSIVE SUPPORT ACT FOR PERSONS WITH DISABILITIES

Part 5

各種サービスを利用する手続きと流れ

サービス利用のための申請手続き

サービスを利用するには役所への申請が必要

障害福祉サービスの利用を希望する人は、まず、**居住する市町村の窓口に申請し、障害支援区分の認定を受けます**。窓口は「障害保健福祉課」や「障害福祉課」が一般的です。手続きは、所定の用紙に障害者や障害児の保護者が、氏名、住所、介護保険の申請状況、障害者基礎年金1級の受給の有無等を記入して提出します。相談支援事業者に申請の代行を依頼することもできます。申請の方法がわからない場合などは地域の社会福祉協議会に相談できます。

認定を受けた後、「サービス等利用計画案」を「指定特定相談支援事業者」で作成し、市町村に提出します。市町村は提出された計画案や勘案すべき事項をふまえて、サービス量などを決定します。「指定特定相談支援事業者」はサービス担当者会議を開催し、サービス事業者等との連絡調整を行い、担当する事業者等の記載された「サービス等利用計画」を作成、その後サービスが開始されます。

障害支援区分認定とは、公平なサービスを利用することや、必要な支援を明確にするために障害者の特性や必要とする支援の程度を総合的に表すための指標（P.94参照）です。6段階に分けられており、その区分によって受給できるサービスや利用できるサービスに差が生じます。区分の数字が大きいほど、必要とされる支援の度合いが高くなります。申請日から支給決定の前日までの間、緊急その他やむを得ない理由によりサービス利用が必要と市が判断した場合、障害福祉サービスを利用できます（特例介護）。この場合、費用は一旦全額が利用者負担となり、申請により後日特例介護給付費が支給されます。

障害福祉サービス等支給申請書に記載する内容

申請者は利用者本人。児童の場合は保護者が申請者

□新規申請　□更新申請　□変更申請

申請年月日

申請者	名前		個人番号	
	住所		電話番号	

身体障害者手帳番号		療育手帳番号		精神障害者保健福祉手帳番号	
療養介護のサービスを申請する場合は記入→		健康保険被保険者証の記号および番号			
		保険者名			
勤労継続支援のサービスを申請する場合は記入→		障害基礎年金１級の受給の有無			

サービス利用状況	障害福祉関係サービス	障害支援区分の認定　無・有（区分等/1・2・3・4・5・6・非該当）有効期間
		利用中のサービスの種類・内容等
	介護保険サービス	要介護認定　認定無　総合事業対象者　要支援　要介護
		利用中のサービスの種類・内容等

申請するサービス

①現在利用しているサービスを継続して利用したい
②計画相談支援給付を利用したい
③次のサービスを利用したい

利用したいサービスを選択する

分区	介護給付費		訓練等給付費		地域生活支援事業
訪問系・その他	居宅介護	重度訪問介護	就労定着支援	自立生活援助	入浴サービス（訪問・施設）
	同行援護	行動援護			日中一時支援
	短期入所	重度障害者等包括支援			移動支援（移動介護・通学通所支援）
日中活動系	療養介護	生活介護	自立訓練（機能訓練）	自立訓練（生活訓練）	地域支援センター支援（デイ型）
			宿泊型自立訓練	就労移行支援	
			就労継続支援（A型）	就労継続支援（B型）	
居住系	施設入所支援		共同生活援助（グループホーム） 介護サービス（入浴、排泄、食事等の介護等） 利用する　利用しない		
地域相談支援	地域移行支援	地域定着支援			
申請に係る具体的内容					

まとめ

- ☐ 障害福祉サービスを利用するには申請が必要
- ☐ 障害福祉サービスを利用するには障害支援区分の認定を受ける必要がある

市町村による各種調査で利用サービスが決まる

▶各種調査の概要と調査内容

障害者総合支援法の障害福祉サービスを申請すると、どのようなサービスをどれだけ利用できるかを決定するため、市町村による調査を受けます。この調査は、利用者本人やその家族と**認定調査員**1名（市町村職員や市町村から委託を受けた指定特定相談支援事業者）による面接等により行われます。

調査は**概況調査・認定調査（アセスメント調査）・特記事項**の3つで構成されています。

概況調査：現在の利用者本人や環境に関する調査です。①認定を受けている障害の等級等、②現在受けているサービスの内容、③社会活動への参加・外出などの社会生活の状況、④就労状況・就労の意思の有無など、⑤日中の活動状況について（普段何をしているかなど）、⑥介護者の有無や、介護者の状況について、⑦居住環境や地域の状況について、⑧その他についての聞き取りを行います。

認定調査（アセスメント調査）：受けられる障害福祉サービスの種類や量の基準となる**障害支援区分**を認定するための調査です。全国共通の項目に沿って行われ、①移動や動作等に関連する項目（12項目）、②身の回りの世話や日常生活等に関連する項目（16項目）、③意思疎通等に関連する項目（6項目）、④行動障害に関連する項目（34項目）、⑤特別な医療に関連する項目（12項目）、の全80項目で構成されています。

特記事項：認定調査で認定調査員が判断に迷う箇所について、具体的な状況や認定調査員が判断するに至った材料などを記載します。

障害福祉サービスを利用するための各種調査

障害福祉サービスの支給を行う前に、利用者や家族と認定調査員による面接によって各種調査が行われる。

1.概況調査の内容

①認定を受けている障害の等級等　②現在受けているサービスの内容
③社会生活の状況　④就労について
⑤日中の活動について　⑥介護者の状況について
⑦居住環境ついて　⑧その他

2.認定調査（アセスメント調査）の内容

障害支援区分の認定調査項目（80項目）

1．移動や動作等に関する項目（12項目）			
1-1 寝返り	1-2 起き上がり	1-3 座位保持	1-4 移乗
1-5 立ち上がり	1-6 両足での立位保持	1-7 片足での立位保持	1-8 歩行
1-9 移動	1-10 衣服の着脱	1-11 じょくそう	1-12 えん下

2．身の回りの世話や日常生活等に関する項目（16項目）			
2-1 食事	2-2 口腔清潔	2-3 入浴	2-4 排尿
2-5 排便	2-6 健康・栄養管理	2-7 薬の管理	2-8 金銭の管理
2-9 電話等の利用	2-10 日常の意思決定	2-11 危機の認識	2-12 調理
2-13 掃除	2-14 洗濯	2-15 買い物	2-16 交通手段の利用

3．意思疎通等に関連する項目（6項目）			
3-1 視力	3-2 聴力	3-3 コミュニケーション	3-4 説明の理解
3-5 読み書き	3-6 感覚過敏・感覚鈍麻		

4．行動障害に関連する項目（34項目）				
4-1 被害的・拒否的	4-2 作話	4-3 感情が不安定	4-4 昼夜逆転	4-5 暴言暴行
4-6 同じ話をする	4-7 大声・奇声を出す	4-8 支援の拒否	4-9 徘徊	4-10 落ち着きがない
4-11 外出して戻れない	4-12 1人で出たがる	4-13 収集癖	4-14 物や衣類を壊す	4-15 不潔行為
4-16 異食行動	4-17 ひどい物忘れ	4-18 こだわり	4-19 多動・行動停止	4-20 不安定な行動
4-21 自らを傷つける行為	4-22 他人を傷つける行為	4-23 不適切な行為	4-24 突発的な行動	4-25 過食・反すう等
4-26 そう鬱状態	4-27 反復的行動	4-28 対人面の不安緊張	4-29 意欲が乏しい	4-30 話がまとまらない
4-31 集中力が続かない	4-32 自己の過大評価	4-33 集団への不適応	4-34 多飲水・過飲水	

5．特別な医療に関連する項目（12項目）			
5-1 点滴の管理	5-2 中心静脈栄養	5-3 透析	5-4 ストーマの処置
5-5 酸素療法	5-6 レスピレーター	5-7 気管切開の処置	5-8 疼痛の看護
5-9 経管栄養	5-10 モニター測定	5-11 じょくそうの処置	5-12 カテーテル

厚生労働省：障害支援区分の概要（https://www.mhlw.go.jp/content/000949621.pdf）

3.特記事項の内容

認定調査員が判断に迷う部分を記載する

まとめ

- □ **障害福祉サービスを決定するために認定調査員による調査が行われる**
- □ **認定調査により、障害支援区分が決定する**

サービス受給の可否と障害支援区分の判定

▶サービスの受給可否・障害支援区分の判定が出るまで

認定調査が行われた後は、障害福祉サービスのうち、訓練等給付と介護給付のどちらのサービスを希望するかにより受給決定までのプロセスが異なります。**訓練等給付**（P.42参照）**を希望する場合には、障害支援区分の認定がなくても受けることが可能**です。認定調査後は勘案事項調査や、利用者の意向を確認し、サービスの支給が決定します。一方、**介護給付**（P.40参照）には障害支援区分の判定が必要なため、最初に**一次判定**が行われます。一次判定は、調査した全80項目の調査結果をもとに、サービス支給に該当するか否か、該当する場合には区分1から6までのどの障害支援区分になるかを、コンピュータで機械的に判定するものです。

続いて一次判定によって出た結果を精査するため、**二次判定**が行われます。二次判定は、一次判定の結果と特記事項、医師の意見書（本人・家族に同意を得たうえで、市町村が医師に依頼したもの）などの資料をもとに、**市町村審議会**が一次判定の内容が適切かどうかを審査します。

市町村審議会は障害福祉に関する学識経験者の中から、市町村長によって任命された定数の委員で構成される組織です。専門的知見から各委員が一次判定の結果が適切か意見を述べます。二次判定の結果、一次判定の結果に問題ないと判断されると、介護給付の可否・障害支援区分が決定します。二次判定で一次判定の結果を変更する場合、一次判定の結果が二次判定の結果に置き換えられ、勘案事項調査が行われた後に、給付の可否・障害支援区分が決定します。

認定調査から支給可否・障害支援区分決定までの流れ

認定調査員による調査

↓

訓練等給付を希望する場合

（障害支援区分に関係なく利用できる）

↓

介護給付を希望する場合

↓

コンピュータによる一次判定

↓

市町村審議会による二次判定

↓

障害支援区分の決定

↓

勘案事項の調査

↓

利用者の意向の聴取

↓

障害者福祉サービスの支給決定

支給決定までには申請からおよそ1～2カ月程度かかる

まとめ

- □ 訓練等給付は障害支援区分がなくても支給が受けられる
- □ 介護給付は一次・二次判定で障害支援区分の判定を受けてから支給が決定する

サービス等利用計画に基づく個別支援計画

サービス等利用計画と個別支援計画

障害福祉サービスの支給が決定すると、指定特定相談支援事業者の相談員を中心とした、実際にサービスを提供する障害福祉サービス事業者が集まるサービス担当者会議が開かれ、個別に**サービス等利用計画**を作成します。サービス等利用計画は、決定した障害支援区分や利用者のニーズなど総合的な観点から、利用者が使用するサービスを検討・決定するものです。

サービス等利用計画は利用者自身が作ること（セルフプラン）もできますが、一般的には指定特定相談支援事業者に作成を委任することが多いといえるでしょう。

サービス等利用計画に係る作成費用は、市町村から**計画相談支援給付費**として支給を受けることができ、利用者は支給決定通知を受けたときに、サービス利用計画作成費の支給申請ができます。サービス等利用計画が作成された後は、各障害福祉サービス提供事業者は**個別支援計画**を作成します。

個別支援計画はサービス等利用計画の方針を踏まえて実際に利用者に提供するサービス内容を決定するものです。

利用者が受ける障害福祉サービスはこの個別支援計画に基づいて提供されることになります。

サービスの支給が決定すると、利用者に障害福祉サービス受給者証が交付されます。

受給者証には、利用者の基本情報の他、障害支援区分、有効期間、受けるサービスの支給内容等が記載されます。

サービス等利用計画と個別支援計画

指定特定相談支援事業者

・サービス等利用計画の原案を作成し、サービス担当者会議にかける
・サービス担当者会議の議論をもとに、サービス等利用計画を作成する

サービス等利用計画とは
決定した障害支援区分や利用者のニーズなど総合的な観点から、利用者が使用するサービスを検討・決定するもの

指定障害福祉サービス事業者

・サービス等利用計画にそって個別支援計画を作成
・個別支援計画に従って利用者にサービスを提供する

個別支援計画とは
実際に利用者にどのようなサービスを提供するのか具体的な内容を決定するもの

サービス利用者

サービス等利用計画は利用者自身でも作成可能（セルフプラン）
指定特定相談支援事業者にサービス等利用計画を依頼する場合は、市町村に申請することで計画相談支援給付費の支給を受けられる

まとめ

- □ 利用者が使用するサービスはサービス等利用計画をもとに作成する
- □ 利用者へのサービスはサービス提供事業者が作る個別支援計画に従って決定する

認定に不服があるときは審査請求を出す

▶都道府県知事に対し審査請求

障害福祉サービスを受給するためには、市町村にサービス利用申請を行い、障害支援区分の判定とサービスの支給決定を受ける必要があります。

しかし申請の結果、障害支援区分やサービスの支給決定に不服がある場合、障害者本人、障害児の保護者は、市町村の上級庁である**都道府県知事**に対し**審査請求**を行い、解決を図ることができます（障害者総合支援法第97条）。審査請求が行えるのは、市町村の決定があったことを知った日の翌日から3カ月以内です。

審査請求が出された都道府県は、**不服審査会**を設置し、客観的な立場から市町村の認定・決定が適していたか否かを判断します（障害者総合支援法第98条）。都道府県知事は不服審査会の判断に基づいて裁決を行います。

審査請求の対象となるのは、以下の内容と定められています。

① 障害支援区分の認定に関する処分
障害支援区分の認定や、その変更認定等

② 障害福祉サービスの支給決定に関する処分
介護給付費の支給の要否の決定、支給の内容（サービスの種類、支給量、有効期間）、特例介護給付費の支給決定、特例訓練等給付費の支給決定等

③ 利用者負担にかかる処分
利用者負担上限月額に関する決定、高額障害福祉サービス等給付費の給付決定、補足給付の決定等

障害者総合支援法第97条

市町村の介護給付費等又は地域相談支援給費等に係る処分に不服がある障害者又は障害児の保護者は、都道府県知事に対して審査請求をすることができる。

障害支援区分やサービスの支給決定に関する審査請求

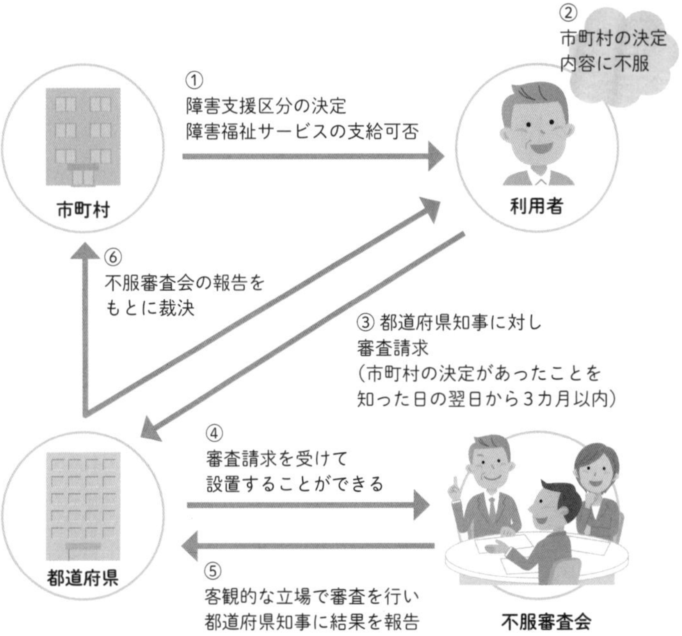

審査請求の対象となるもの

障害支援区分の認定に関する処分
障害福祉サービスの支給決定に関する処分
利用者負担にかかる処分

まとめ

- □ 利用者は市町村が決定した障害支援区分・障害福祉サービスの支給に不服がある場合、審査請求をすることができる
- □ 審査請求を行うのは市町村の上級官庁である都道府県

モニタリングで利用者のサービス利用状況を検証して計画を見直す

サービスの質を担保するための調査活動

モニタリングとは利用者のサービス利用状況等を検証し、満足度や新たなニーズの調査や分析、点検をすることです。モニタリングによって新たなニーズがあることがわかった場合にはアセスメントを行い、サービス等利用計画の見直しを行います。

市町村は障害福祉サービスのそれぞれの利用状況に応じ、毎月・6カ月ごとなどモニタリングを行う期間を定めており、指定特定相談支援事業者などの**計画作成担当者はその定めに従ってモニタリング期間を設定**し、計画案に記載します。自分でサービス等利用計画を立てた（セルフプラン）場合、モニタリングは行いません。しかし、この場合でも各サービス提供事業者はサービス管理責任者を配置し、サービスの質を担保し、より適切なサービスの提供のために各自でモニタリングを行うのが一般的です。

モニタリングを行う際には①利用者の権利が守られているか、②サービスについて利用者が満足しているか、③新たなニーズが発生しているか、④定められた目標が達成されているか、の4つの観点が大切です。

また、モニタリングでは、①障害者等の心身の状態、②障害者等のおかれている状況、③総合的な援助の方針、④生活全般の解決すべき課題、⑤提供される各サービスの目標・達成時期、⑥提供されるサービスの種類・内容・量を勘案し、**利用者に不利益が生じていないか、権利や尊厳が守られているかをチェックします**。

モニタリング結果は報告書にまとめ、継続支援に活かされます。

モニタリングの目的と実際の進め方

モニタリングとは利用者のサービス利用状況等を検証し、満足度や新たなニーズの調査や分析、点検をすること

↓

新たなニーズがある場合、アセスメントを行い、計画を見直す

指定特定相談支援事業者
サービス等利用計画の改善・見直しのためのモニタリングを実施

指定障害福祉サービス事業者
個別支援計画の改善・見直しのためのモニタリングを実施

モニタリングを行う際の視点

①利用者の権利が守られているか

②サービスについて利用者が満足しているか

③新たなニーズが発生しているか

④定められた目標が達成されているか

モニタリングを行う際にチェックする項目

- ✓障害者等の心身の状態
- ✓障害者等のおかれている状況
- ✓総合的な援助の方針
- ✓生活全般の解決すべき課題
- ✓提供される各サービスの目標・達成時期
- ✓提供されるサービスの種類・内容・量

まとめ

- □ モニタリングは利用者の満足度や新たなニーズの調査・分析・点検のために行う
- □ モニタリングには利用者の権利が守られているかの視点が重要

障害福祉サービスの利用者負担は原則1割

▶所得に応じて利用者負担額が決まる

障害福祉サービスを受給するための費用について、利用者は一定の負担額を支払う必要があります。これを**利用者負担**と呼びます。

障害福祉サービスの利用者負担は**原則1割負担**です。

しかし、障害者は働く機会を得ることが難しく、働けたとしても収入が少ないのが現実です。障害福祉サービスの利用者負担はたとえ1割であっても重くのしかかります。2006年に施行された障害者自立支援法では、どんな人でもサービス料金の1割を負担する応益負担（定率負担）が導入されていました。

しかし、障害の重い人はどうしてもサービスの利用が増えてしまうため、応益負担では家計への負担が大きくなりすぎ、必要なサービスが受けづらいという問題が発生していました。

そのため2010年以降は、サービスの利用量に関係なく、**利用者の世帯の所得に応じて自己負担額が決まる応能負担を導入**し、2012年4月の障害者自立支援法改正で、法律にも応能負担が明記されることになりました。

応能負担では世帯の家計によって1カ月の負担上限が定められます。これにより家計が苦しい世帯では、より少ない負担で障害福祉サービスが受けられるようになったのです。具体的には1カ月のサービス利用料金の1割が、負担上限額より少ない場合は1割負担、1カ月のサービス利用料金の1割が負担上限額を超える場合には上限額までの金額を支払う形になりました。利用者の負担上限額は障害福祉サービス受給者証にも記載されています。

障害福祉サービスの利用者負担に応能負担が導入

障害福祉サービスの利用者は
原則サービス費用の１割を負担する（応益負担）

↓

障害が重くて多くのサービスを利用する場合や貧困世帯にとっては負担が重すぎて、サービスが利用できないことがある

↓

世帯の所得に応じて利用者負担の上限を設けることで
利用者負担を軽くする応能負担が導入された

応能負担の考え方

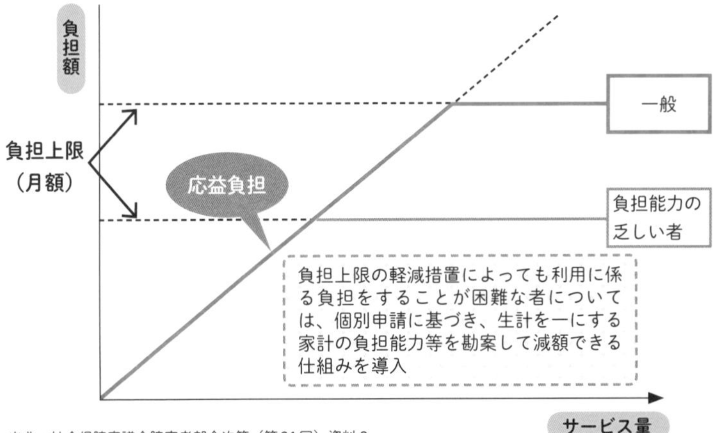

出典：社会保障審議会障害者部会次第（第21回）資料３

まとめ

- ☐ 障害福祉サービスの利用者負担は原則１割の応益負担
- ☐ 2010年以降、応能負担の導入で世帯の所得に応じて利用者負担の上限が設けられている

利用者負担は世帯所得によって軽減措置がある

利用者の負担を減らすための各種制度

障害福祉サービスには、利用者の負担を減らすためにさまざまな軽減措置が用意されています。最も基本となる軽減措置は**利用者負担の負担上限額設定**です。障害福祉サービスはサービス費用の1割負担が原則ですが、世帯の所得に応じて上限額が設定され、それ以上の負担になる場合は減免が受けられます（P.104参照・応能負担）。

負担上限額を設定する世帯所得は**生活保護**（生活保護を受給している世帯）、**低所得**（市町村民税非課税世帯）、**一般1**（市町村民税課税世帯で所得割16万円未満の世帯）**一般2**（それ以外の世帯と市町村民税課税世帯で（20歳以上の）入所施設利用者、グループホーム利用者）の4つの区分に分けられています。

このうち、生活保護世帯、低所得世帯に分類される利用者の負担上限額は0円となっており、サービス利用の利用者負担はありません。世帯の範囲は、18歳以上の障害者の場合は本人とその配偶者、18歳未満の障害児の場合は保護者の属する住民基本台帳での世帯になります。

利用者負担の負担上限額設定の他にも、障害福祉サービスを受けるうえで受けられる軽減措置には、医療型個別減免、高額障害福祉サービス等給付費、補足給付（実費負担の減免）、通所施設利用者に対する食事等の軽減措置、生活保護への移行があります。くわしい内容は、次節より紹介しています。

利用者負担の軽減措置とその種類

1. 利用者負担の負担上限額設定

世帯収入ごとの利用者負担の上限額

区分	世帯の収入状況	負担上限月額
生活保護	生活保護受給世帯	0円
低所得	市町村民税非課税世帯	0円
一般1	市町村民税課税世帯（所得割16万円未満） ※入所施設利用者（20歳以上）、グループホーム利用者を除きます。	9,300円
一般2	上記以外	37,200円

出典：厚生労働省「障害者の利用者負担」

世帯の範囲

18歳以上：障害者本人とその配偶者
18歳未満：保護者の属する住民基本台帳での世帯

2. 医療型個別減免

医療施設や介護施設入所時の負担を軽減する制度

3. 高額障害福祉サービス等給付費

一世帯で複数のサービスを利用している場合の負担を軽減する制度

4. 補足給付（実費負担の減免）

入所施設利用に係る食費・光熱水費などの実費負担を軽減する制度

5. 通所施設利用者に対する食事等の軽減措置

通所施設利用に係る食費等の実費負担を軽減する制度

6. 生活保護への移行

まとめ

- □ 利用者負担の負担上限額設定は世帯の収入に応じて4つに区分されている
- □ 利用者負担の負担上限額設定以外にもさまざまな軽減措置がある

利用者負担は個別減免制度がある

▶医療・介護施設入所の負担を軽くする個別減免制度

障害福祉サービスを利用している人が、医療施設に入所する場合や療養介護等を利用する場合には、**個別減免**という制度により、福祉サービスの定率負担相当額と医療費、食事療養費を合算した利用者負担額が設定されます。

個別減免は利用者の年齢によって以下のような違いがあります。

①20歳以上の場合

個別減免が受けられる**対象は市町村民税非課税世帯**で、上限額は収入額からその他生活費を差し引いた額になります。これにより少なくとも25,000円が手元に残るように利用者負担額が減免されます。

②20歳未満の場合

個別減免を受けるための**所得要件・資産要件**はなく、地域で子どもを育てている世帯と同じ負担になるよう、定率負担と医療費・食事療養費を合算して、その負担限度額を設定します（地域で子どもを育てるのに必要な費用は低所得、一般1で5万円、一般2では7.9万円に設定されています）。ただし、医療型児童発達支援の利用者には適用されません。また、世帯で障害福祉サービス・介護保険サービスなど複数の福祉サービスを受けていて、その合算額が基準額を上回っている場合、**高額障害福祉サービス等給付費**という制度により基準額以上は減免されます。合算の対象となるサービスは①障害福祉サービス、②補装具費、③介護保険サービス、④障害児支援サービスです。高額障害福祉サービス等給付費を利用するためには市町村への申請が必要となります。

個別減免と高額障害福祉サービス等給付費の対象と措置

医療型個別減免

対　　象：障害福祉サービスの利用者で、医療施設や介護施設に入所した人

減免措置：福祉サービスの定率負担相当額と医療費、食事療養費を合算した利用者負担額が設定される

20歳以上の場合

対象となるのは市町村民税非課税世帯のみ

上限額は収入額からその他生活費（少なくとも25,000円）を差し引いた額になる

20歳未満の場合

所得要件・資産要件はなし（ただし、医療型児童発達支援の利用者には適用されない）

地域で子どもを育てている世帯と同じ負担になるよう、定率負担と医療費・食事療養費を合算して、その負担限度額を設定する

高額障害福祉サービス等給付費

対　　象：世帯で障害福祉サービス・介護保険サービスなど複数の福祉サービスを受給し、なおかつ合算額が基準額を上回っている世帯

減免措置：基準額以上は減免

合算の対象となるサービス

①障害福祉サービス　②補装具費

③介護保険サービス　④障害児支援サービス

まとめ

- □ 個別減免は20歳以上と20歳未満で対象・負担限度額が異なる
- □ 高額障害福祉サービス等給付費は世帯の複数人がサービスを利用している場合でも、1人が複数のサービスを利用している場合でも利用できる

補足給付は実費や家賃負担の軽減措置

実費の負担を軽減するための補足給付費

補足給付は施設入所者、通所施設、グループホームケアホームの利用者を対象に、実費負担となる食費・光熱水費、グループホームの家賃の負担を軽減する措置です。

①入所施設（20歳以上）

入所施設の食費・光熱水費の実費負担は53,500円を限度として施設ごとに額が設定されています。低所得者に対しては、費用の基準額を53,500円として設定し、障害福祉サービスの定率負担相当額と食費・光熱水費の実費負担をしても、**最低でも手元に25,000円が残るように補足給付が行われます**。就労収入がある場合は24,000円までは全額控除、24,000円以上は超えた額の30%が控除対象となります。

②入所施設（20歳未満）

20歳未満で入所施設に入所している障害児の場合、**地域で子どもを養育する世帯と同様の負担となるように補足給付が支払われます**。また18歳未満では教育費相当分として9,000円が加算されます。

③通所施設

通所施設では低所得・一般1の場合、食材料費のみの負担となり、実際にかかる額のおおよそ3分の1の負担となります。食材料費は、施設ごとに額が設定されます。

④グループホーム・ケアホームの利用者

グループホーム・ケアホームの利用者のうち、生活保護・低所得の世帯が負担する家賃を対象として**家賃1万円を上限に補足給付が行われます**。

補足給付費の対象と減免措置

対　象：施設入所者、通所施設、グループホーム等の利用者

減免措置：実費負担となる食費・光熱水費、グループホーム等の家賃の負担を軽減する

入所施設（20歳以上）

施設の実費負担基準額53,500円と障害福祉サービス費を支払っても、最低でも手元に25,000円が残るように補足給付が支払われる

利用者に就労収入がある場合は24,000円までは全額控除、24,000円以上は超えた額の30%が控除対象となる

入所施設（20歳未満）

地域で子どもを養育する世帯と同様の負担となるように補足給付が支払われる

18歳未満では教育費相当分として9,000円が加算される

通所施設

低所得、一般1の場合、食材料費のみの負担となり、実際にかかる額のおおよそ3分の1の負担になる

グループホーム・ケアホームの利用者

生活保護、低所得の世帯が負担する家賃を対象に1万円を上限に補足給付が支払われる

まとめ

- □ 補足給付は施設利用の実費負担を軽減する措置
- □ 入所施設（20歳以上・20歳未満）、通所施設、グループホーム・ケアホームと、利用する施設に応じてそれぞれ負担軽減措置がある

Column

65歳の壁
障害福祉サービスと介護保険の微妙な？関係

2022年6月、厚生労働省は障害者福祉の充実に向けた議論を取りまとめた報告書「障害者総合支援法改正法施行後3年の見直しについて」を公開しました。その中で、いわゆる「介護保険優先原則」にも言及しています。

この原則は障害福祉サービスと同様のサービスを介護保険でも利用できる場合に、まずは介護保険のほうを利用するというものです。例えば、介護保険に相当するサービスがない同行援護や行動援護、重度訪問介護、就労継続支援などについては引き続き利用できますが、それ以外のサービスについては、介護保険法で認定を受けたサービス事業者を選択する必要があります。

障害者が高齢化することで従来の障害者福祉サービスを受けられなくなる不利益を、通称「65歳の壁」といいます。

厚生労働省はこの度、同原則に言及しつつ、改めて「一律に介護保険サービスが優先されるものではない」との認識を明記しました。厚生労働省はこれまでも利用者の状態、環境、希望などを踏まえた柔軟な運用を認めていましたが、「硬直的な解釈・運用をする市町村もあり、障害者の権利が不当に制限されている」との批判も多くありました。

厚生労働省は市町村ごとの対応の差異をなくし、個々の状況を丁寧に勘案したきめ細かい支援が提供されるようにするため、運用の留意すべき具体例を示す必要があるとも述べ、「具体例を示すことで、かえって例示されていないケースが一律に認められない、といった不適切な運用につながらないよう注意する。ICTを活用するなど、工夫しながら丁寧に周知する」と説明しました。

COMPREHENSIVE SUPPORT ACT FOR PERSONS WITH DISABILITIES

Part 6

生活や財産を管理する成年後見制度

財産やサービス、契約、手続き、支払いを管理する成年後見制度

▶ 精神障害者の生活と財産を守る心強い味方

成年後見制度とは、**知的障害や精神障害などで判断力が不十分な成年の人のために、財産の管理や定期的な収支、サービスの利用契約を締結するなどの生活環境を整える行為を代わりに行ってくれる後見人をつける**という制度です。

次節で詳しく解説しますが、この制度には①すでに判断力がない人に家庭裁判所が後見人をつける法定後見と、②判断力が十分あるときに、将来自分の後見人になる人と契約を交わす任意後見の2種類があります。もっとも、精神障害の場合は先天的なものが大半であるので、①の利用が主といえるでしょう。

この制度は、元々2000年（平成12年）、高齢者の介護保険制度と同時に開始しました。その目的は、障害分野における支援費制度と同様、介護保険制度がその開始を機に「措置から契約へ」と方向転換し、自分では適切な情報収集や判断ができない高齢者をサポートするべく意思決定を支援する者として後見人をつけたことによります。

ところが、現実には後見制度はほとんど普及しておらず、後見人を必要とする人全体の2%程度しか後見人がついていないという実態があります（最高裁判所事務総局家庭局「成年後見事件の概況」より）。

人権保護の観点からは、後見人をより広めていく必要があるといえ、そのために2012年（平成24年）4月より、「成年後見制度利用支援事業」が、市町村の実施する地域生活支援事業の必須事業に盛り込まれました。同様に法人後見の活動を支援する「成年後見制度法人後見支援事業」も必須事業となっています。

成年後見制度で意志決定を支援する

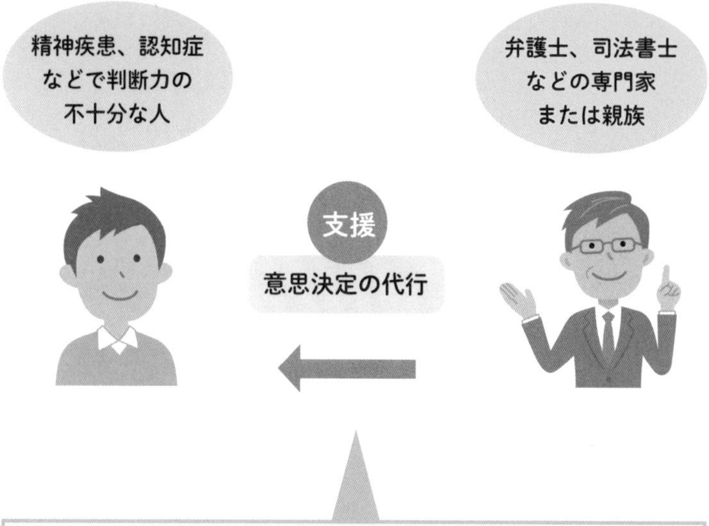

後見人の主な業務

①財産管理

権利証や通帳などの保管・管理
収入（年金、給与、預貯金、生命保険等）の管理
支出（生活費、公共料金、税金、保険料等）の管理
不動産など重要な財産の管理・保存・処分

②身上保護　生活・療養看護に関する事務

借家の契約や家賃の支払い等
医療機関の受診、治療、入院などの契約、その他費用の支払い
入居契約、費用の支払い、入退所の手続

まとめ

- □ 判断力が不十分な人のために、財産管理や生活を整える役割
- □ 制度を広めるための成年後見制度利用支援事業

法定後見と任意後見の2種類がある

法定後見と任意後見

成年後見制度には、①すでに判断力がない人に家庭裁判所（以下：家裁）が後見人をつける**法定後見**と、②判断力が十分あるときに、将来自分の後見人になる人と契約を交わす**任意後見**の2種類があります。

①法定後見

すでに判断力のない人、あるいは不十分な人について、**親族等が家庭裁判所（家裁）に後見人の選任を申し立てます**。家裁はその人の判断力や家庭環境を調査し、その程度に応じて3種類の後見人を選任します。最も重い人には、一切の判断を委ねる「**後見人**」、判断力が著しく不十分な人については一定の範囲で代理権や同意権を有する「**保佐人**」、1人で判断する能力が不十分な人には、保佐人より同意や代理の範囲が狭い「**補助人**」が、それぞれつきます。

過去5年の申立件数の中では、「後見人」が一番多くなっています。

②任意後見

今は判断力が十分ある人が、将来自分が**認知症や精神障害等により判断力を失う場合に備えて、後見人になる人と契約を交わし、判断力が失われたときに発動する**というしくみです。契約は公証役場で交わす必要があります。

法定後見の場合は、家裁がすべてを取り仕切り後見人も家裁の判断で決めてしまうため、実の親が後見人に立候補したとしても選任されるとは限りません。一方で任意後見は、当人同士の契約により**確実に後見人となることができる**というメリットがあります。その場合の月額報酬なども当事者間で自由に決めることができます。

成年後見制度の種類

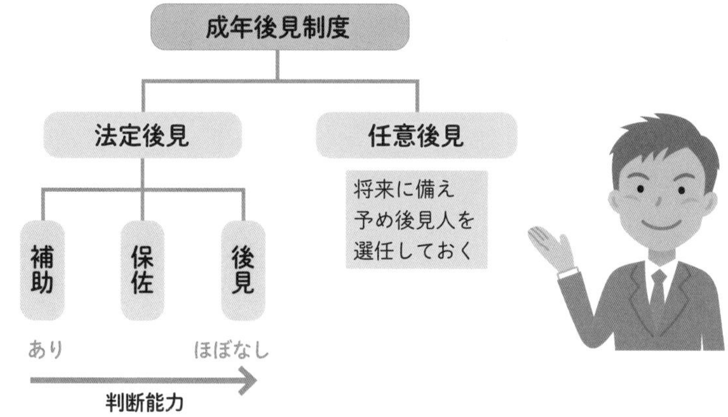

過去５年における後見人申立て件数の推移

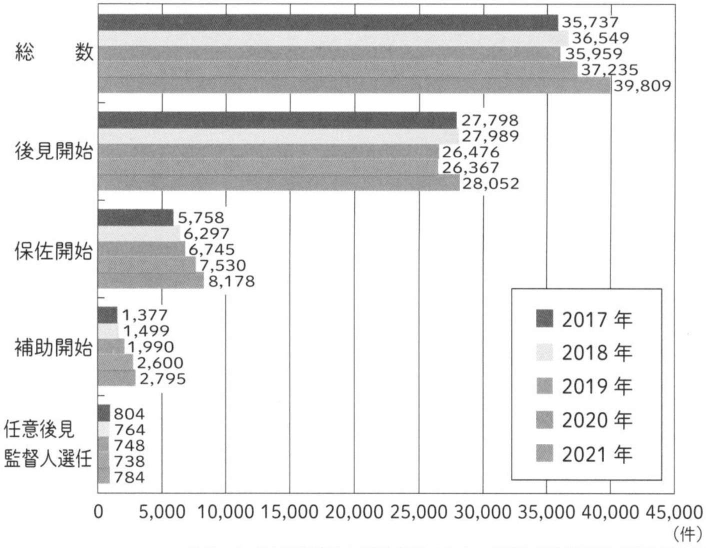

出典：成年後見関係事件の概況（令和３年１～12月）最高裁判所事務総局家庭局

まとめ

- □ 成年後見制度には、法定後見と任意後見がある
- □ 法定後見人には、「後見人」「保佐人」「補助人」がいる

判断力に応じて3つに分かれる法定後見制度

▶判断力に応じた3つの制度

前節で紹介した法定後見制度は、以下の３類型に分かれています。

①後見人（成年後見とも）

知的障害や精神障害などにより、判断する能力が欠けていることが通常の状態の人について，申立てによって家庭裁判所が「後見開始の審判」をして、本人を援助する人として後見人を選任する制度です。後見人は**本人に代わって契約を結んだり，本人の契約を取り消したりすることができる**など、幅広い権限を持つため責任重大です。

②保佐人

判断力が著しく不十分な人について、家庭裁判所が「保佐開始の審判」をして，本人を援助する人として保佐人を選任する制度です。保佐人は，保佐開始の審判を受けた**本人が一定の重要な行為をしようとすることに同意**したり，本人が保佐人の同意を得ないで既にしてしまった行為を取り消したりすることを通じて，本人が日常生活に困らないよう配慮します。予め本人が望んだ**一定のことがらについて，代理権を与えるとの家庭裁判所の審判**によって，本人に代わって契約を結んだりする権限を持つこともできます。

③補助人

１人で判断する能力が不十分な人について，申立てによって，家庭裁判所が「補助開始の審判」をして，本人を援助する人として補助人を選任する制度です。補助人は，補助開始の審判を受けた**本人が望む一定のことがらについて，同意したり，取り消したり，代理する**ことを通じて，本人が日常生活に困らないように配慮します。

法定後見制度の類型

類型		後見	保佐	補助
対象者（補助を受ける本人）		買い物などの日常生活や財産管理などが1人ではできない人	日常の買い物程度は1人でできるが、重要な財産管理などはできない人	重要な財産管理などを1人ですることが不安な人
開始の手続き	申立てができる人	本人、配偶者、4親等内の親族、市町村長など		
	申立てについて本人の同意	不要	代理権付与の場合は必要	必要
医師の鑑定（診断書以外に判断能力を詳しく調べること）		原則として必要	原則として必要	原則として不要
援助者の権限の範囲	同意権 取消権（注1）	対象者の法律行為全般（同意権についての規定はない）	不動産やその他重要な財産に関する権利の取得・喪失を目的とする行為など（重要な法律行為）（注2）	申立ての範囲内で家庭裁判所が定める（重要な法律行為の一部）
	代理権	財産に関するすべての法律行為	申立ての範囲内で家庭裁判所が定める「特定の法律行為」	申立ての範囲内で家庭裁判所が定める「特定の法律行為」

（注1）日常生活に関する行為（日用品の購入など）を除く
（注2）家庭裁判所の審判により、民法13条1項所定の行為以外についても、同意権・取消権の範囲を広げることができる

どの種類に該当するか

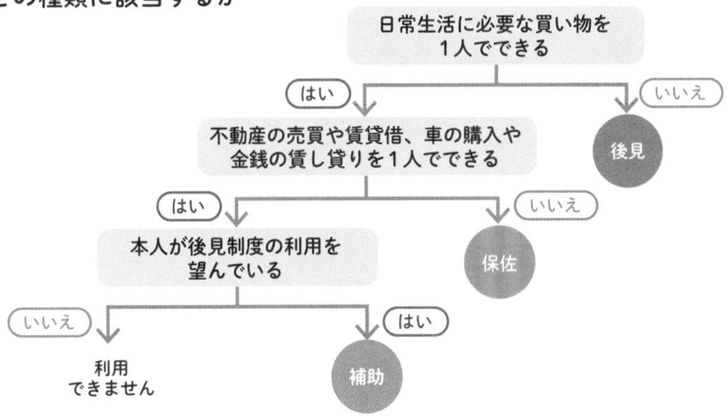

まとめ

- □ 法定後見制度は、後見、保佐、補助に分かれる
- □ いずれに該当するかは、家庭裁判所が決定する

法定後見の申立てはどう行うか

親族だけではない、申立てができる者

本人に判断力があるうちに後見人になる人と契約を任意に交わす「任意後見」と違い、法定後見の場合は家庭裁判所に対して関係者などが申立てを行い、判断能力の程度により後見・保佐・補助のいずれかに割り振られます。

本人につき、認知症や知的障害などの精神上の障害により判断能力が低下し法的に保護する必要がある場合に、本人の住所地のある家庭裁判所に対して後見等開始の申立てを行います。

その場合に申立てができる人は民法で定められています（7条、11条、15条）が、**本人の配偶者や4親等以内の親族（配偶者、子、孫、両親、兄弟姉妹、従兄弟、甥、姪など）が行うことが主流**です。**身寄りがなく申立てが期待できないような場合は、市町村長が申立てをする**こともあります。なお条文上は、被後見人となる**本人にも申立権が認められています**。これは、成年後見を開始すべき状況にある人でも一時的に判断能力を取り戻す場合があることや、財産管理能力と申立てを理解する能力では違いがあることから、申立ての意味内容を理解して真意で申立てをしていると認められるときには、本人による申立ても認められているためです。

申立人は必要書類を揃えて、家庭裁判所に申立てを行います。家庭裁判所の申立書、必要書類の一覧表などの資料は、家庭裁判所のウェブサイトから入手できます。**各家庭裁判所により必要書類や書式が異なる場合がある**ため、必ず管轄の家裁のサイトから入手するようにしてください。

法定後見の申立権者

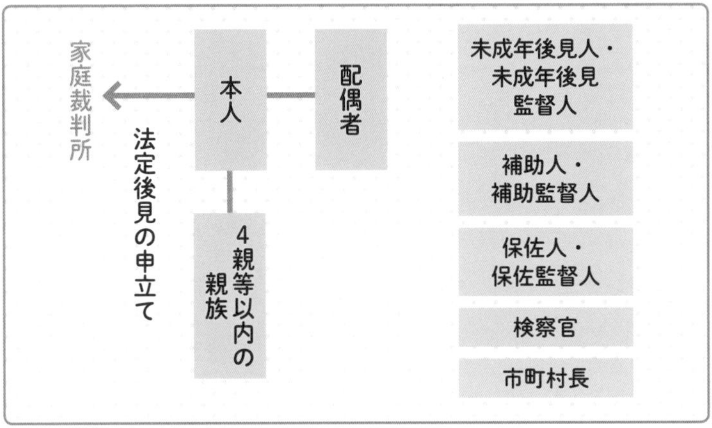

市町村長申立て

「65歳以上の者」、「知的障害者」、「精神障害者」について「福祉を図るため特に必要があると認めるとき※」に、市町村長が申し立てることができる。

（老人福祉法32条、知的障害者福祉法28条、精神保健及び精神障害者福祉に関する法律51条の11の2）

※本人に4親等内の親族がなかったり、これらの親族があっても音信不通の状況にあるなどの事情により、親族等による法定後見の開始の審判等の請求を行うことが期待できず、市町村長が本人の保護を図るために審判の請求を行うことが必要な状況にある場合をいう

まとめ

- □ 本人自ら申し立てることもできる
- □ 条件を満たせば市町村長が主体となり申立てをすることができる

後見開始は家庭裁判所での審判から

本人にとって最適なスタイルを審理する

成年後見人に選任された人が被後見人の後見を開始することを後見開始といいます。後見開始は家庭裁判所（以下家裁）の審判で始まります（後見開始の審判）。関係者等による申立てを受けて、家裁では申立てケースについて調査し、必要に応じ本人の判断力に関する鑑定を行います。その情報をもとに、家裁は、**本人にどの程度の判断能力が残っているか**といった点や、**被後見人の監護や財産管理が適切にできる人材**について審理します。

その後家裁は、成年後見等の開始の審判をするとともに、最も適任と思われる人を成年後見人等に選任します。これは**必ずしも候補者とされた親族が選ばれる保障はなく、弁護士や司法書士などの専門職が選ばれることもあります**。

また、**複数の成年後見人**等が選任されたり、**後見人等を監督する人**が選任されることもあります。家裁が後見開始の審判を下すことで、後見制度がスタートします。審判の内容は申立人、本人、成年後見人等に書面で通知されますが、審判書が届いてから2週間以内に不服申立てがされない場合、成年後見等開始審判の法的な効力が確定します。なお、保佐や補助の場合も、基本的には後見の場合と同じですが、特有のものとして、**代理権や同意権の付与（あるいはその取消し）の審判**があります。

保佐や補助開始の審判と同時に、あるいは保佐人や補助人の就任後、必要になったときに申立てを行い、代理権・同意権の付与の審判が追加でなされることになります。

家庭裁判所での審判に至る手続きの流れ

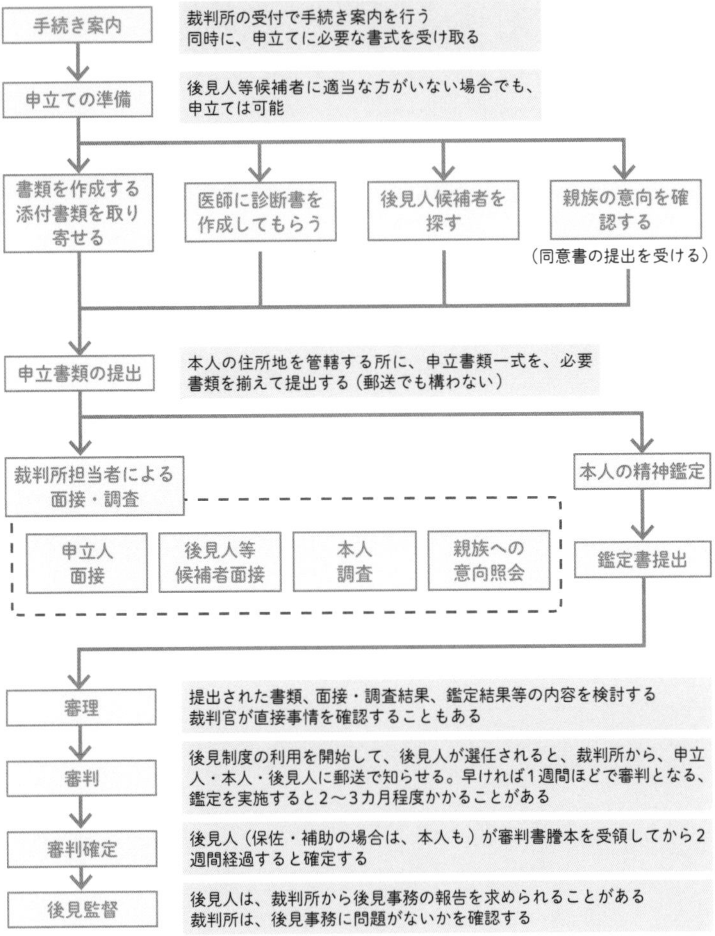

出典：裁判所HP・制度の概要手続きの流れ（成年後見・保佐・補助）を一部改編

まとめ

- □ 申立時に立候補した人が後見人に選ばれるとは限らない
- □ 後見人を監督する監督人が選任されることもある

成年後見人は善管注意義務を負い、被後見人の意思を尊重する

包括的な権限を持つ

成年後見人（後見人）は、精神上の障害（認知症・知的障害・精神障害など）により、判断能力が欠けているのが通常の状態にある人を保護・支援するための制度です。後見人には、本人の財産に関する法律行為についての**包括的な代理権と管理権**、そして**本人が行った法律行為に関する取消権**が与えられます。ただし，本人の自己決定の尊重の観点から，日用品（食料品や衣料品等）の購入など**「日常生活に関する行為」については，取消しの対象になりません。**

一方で後見人は本人の利益のために「**善良なる管理者の注意義務（善管注意義務）**」を負い、誠実に後見等の事務を行わなければなりません。後見業務は家裁や後見監督人がチェックし、通帳履歴等をすべて提出・報告しなければならず不正は起きないようになってはいますが、後見人が被後見人の財産を横領する事件もあり、注意が必要です。後見人は保佐、補助と異なり本人のための財産管理などを一手に引き受けるため、例えば施設に入所するタイミングやどこに入所するかといったことを**すべて独断で決めてしまう強力な権限**を有しています。親族による家庭内虐待や経済的搾取がなされているなど、本人保護の要請が強いようなときはその権限が効果を発揮しますが、関係者とトラブルがないにもかかわらず、独断で何でも決めてしまう後見人は考えものです。「成年後見人は、成年被後見人の生活、療養看護及び財産の管理に関する事務を行うに当たっては、成年被後見人の意思を尊重し、かつ、その心身の状態及び生活の状況に配慮しなければならない。」と定められています（民法858条）。

成年後見人の権限と業務

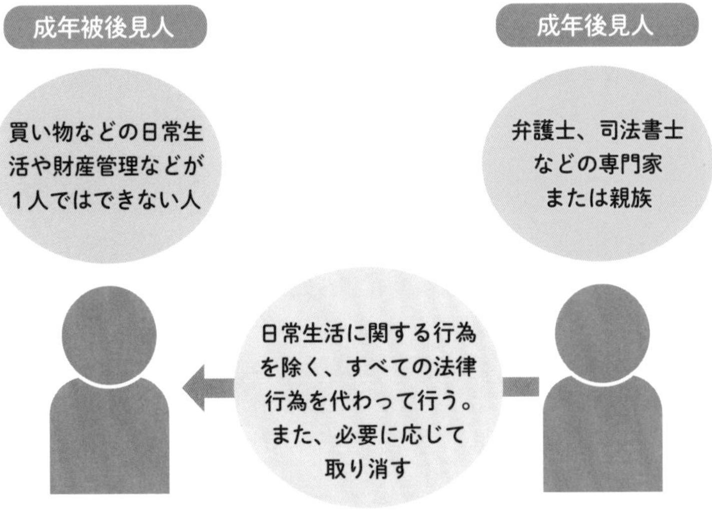

成年後見人の仕事

✓預貯金や現金・車や家具など本人の資産の管理
✓施設費・入院費や税金などの費用を支払う、年金を受け取る
✓通帳の記入をして入出金をチェックする
✓必要ないものの契約などがされていないかチェックし、必要がなければ解約する
✓本人の生活に変わりがないか、何かする必要がないかチェックする

まとめ

☐ 包括的な代理権、管理権、取消権を持つ
☐ 善管注意義務と身上配慮義務を負う

保佐人は判断能力が著しく不十分な人の利益を保護する

▶財産を大きく損なうことがないようサポート

保佐人とは、**判断能力が著しく不十分**な人（被保佐人）の権利や財産を守るため、被保佐人が財産上の重要な行為をする際に、それが被保佐人の利益にかなうかを判断して**同意を与えたり**、同意を得ずに**単独で行った行為を後から取り消す**権限を与えられた人です。判断能力が低下した状態（「精神上の障害により事理を弁識する能力が著しく不十分」民法11条）では、詐欺被害に遭い、経済的に搾取され、見境のない浪費をするといったリスクが高まります。

保佐人は、本人がこのような被害に遭わないよう、同意権・取消権・代理権の行使を通じて、本人の利益を保護する役割を担います。

保佐人の権限

同意権と取消権：保佐開始の審判（P.118参照）があると、預貯金の払い戻しや借り入れ等の法律で定められた財産上の重要な行為（民法第１３条第１項）を被保佐人が行うには、保佐人の同意が必要になります。保佐人の同意を得ないで行った行為は、保佐人または被保佐人が、後で取り消すことができます（取消権）。ただし、日用品の購入その他日常生活に関する行為については例外です。

代理権：保佐人が選任された場合でも、被保佐人は自ら法律行為を行うことができます。ただし、同意・取消権の対象行為については家裁の審判により、保佐人に対して代理権が付与される場合があります。

保佐人の負う義務

保佐人が善管注意義務（善良なる管理者の注意義務）及び身上配慮義務を負う点は、後見人と同様です。

保佐人の権限と業務

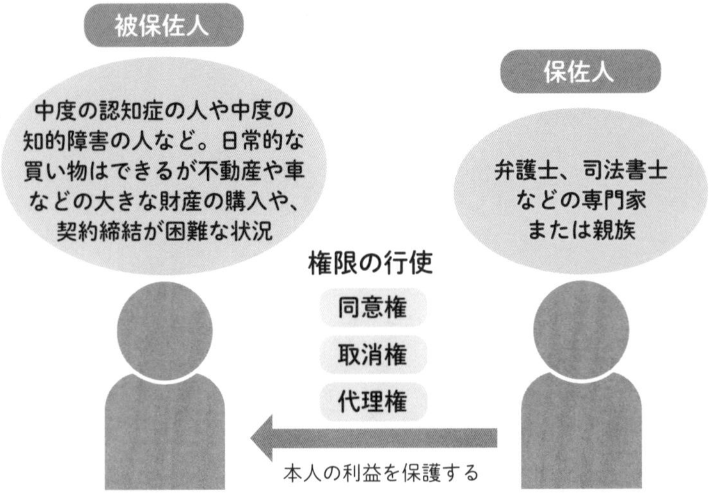

同意権の対象範囲（民法13条１項）

①貸金の元本の返済を受けること
②金銭を借り入れたり、保証人になること
③不動産をはじめとする重要な財産について手に入れたり手放したりすること
④民事訴訟で原告となる訴訟行為をすること
⑤財産を贈与すること、和解・仲裁契約をすること
⑥相続の承認・放棄をしたり、遺産分割をすること
⑦贈与・遺贈を拒絶したり、不利な条件がついた贈与や遺贈を受けること
⑧新築・改築・増築や大修繕をすること
⑨一定の期間を超える賃貸借契約をすること
⑩上記①～⑨に掲げる行為を、被保佐人が、自身の未成年の子どもなどのために行うこと

まとめ

- □ 部分的な同意権、取消権を持ち、家裁の審判により、代理権を取得することもできる
- □ 善管注意義務と身上配慮義務を負う

補助人は1人での判断が不十分な人の利益を保護する

▶最も軽い状態の本人に必要最低限のサポートを提供

補助人とは、**判断能力が不十分な人**（被補助人）の権利や財産を守るため、被補助人が財産上の重要な行為をする際に、それが被補助人の利益にかなうかどうかを判断して**同意を与えたり**、同意を得ずに**単独で行った行為を後から取り消し**たりする人です。判断能力が不十分な状態（「精神上の障害により事理を弁識する能力が不十分である者」民法15条）では、詐欺被害に遭い、経済的に搾取され、見境のない浪費をするといったリスクがあります。

補助人は、本人がこのような被害に遭わないよう、**同意権・取消権・代理権**の行使を通じて、本人の利益を保護する役割を担います。補助人は、保佐人の項で解説した民法13条で定められた9つの法律行為のうち、その一部についてのみ同意権や代理権を与えられます。補助人は成年後見制度の類型のうち、最も本人の判断能力があるケースのため、**なるべく本人でできることは本人が行い、特に重要かつ難しい手続についてのみ補助人が支援**します。保佐人同様、同意権と取消権を有し、また義務を負いますが、以下の違いがあります。

補助人と後見人・保佐人との違い

補助は最も判断力の低下が軽い場合のサポートなので、その申立ての際は本人の同意が必要です。

補助人は、保佐人と違い民法13条所定の重要な財産行為以外の行為にまで同意権を拡張することができません。また、被後見人や被保佐人になると医師、公認会計士、税理士などの国家資格や会社役員、公務員などの地位を失いますが、補助はそのようなことがありません。

補助人の権限と業務

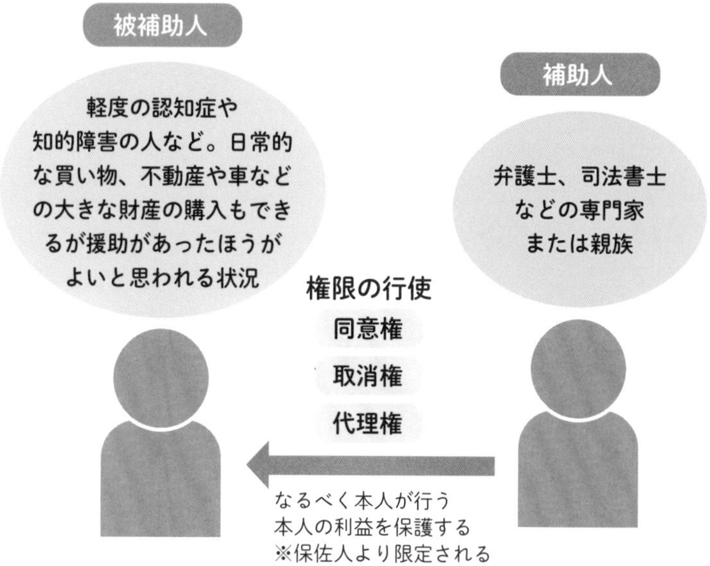

補助人、保佐人、後見人との3類型の異同

		補助類型	保佐類型	後見類型
同意権・取消権	付与される範囲	特定の法律行為（民法13条1項所定の行為の一部）申立ての範囲内	民法13条1項所定の行為	すべての法律行為
		日常生活に関する行為を除く		
	本人の同意	必要	不要	
	取消権者	本人と補助人	本人と保佐人	本人と成年後見人
代理権	付与される範囲	特定の法律行為（申立ての範囲内）		財産に関するすべての法律行為
	本人の同意	必要※		不要

※本人以外の人の申立てにより代理権を与える審判をする場合、本人の同意が必要となります。

まとめ

- ☐ 保佐人より限定された同意権、取消権を与えられる
- ☐ 後見、保佐と異なり補助人が就いても資格を制限されない

▶Column

大改正を迎える成年後見制度

障害者総合支援法関連だけでなく、成年後見制度も2000年の施行以来初の抜本的改正がなされようとしています。2022年8月、政府は民法改正に向けた検討を始めたとの報道がありました。

じつは成年後見制度は、ほとんど日本社会に定着していないという課題があります。利用者数は2021年末時点で約24万人である一方、認知症の人は約600万人、知的障害の人は約110万人おり、後見を必要としている人に占める利用者の割合はここ数年間2.1%と低迷しています（最高裁判所「成年後見関係事件の概況」より）。

世間での認知度は高いにもかかわらず敬遠される一因として、現行制度の硬直性が問題視されていました。後見制度は利用を始めると原則、途中でやめたり後見人を替えたりすることができません。「財産管理だけで身の回りの支援をしてもらえない」「福祉と連携していない」といった苦情があっても、財産の横領などよほどのことが無い限り変更ができないのです。一方で毎月発生する数万円の後見報酬は、被後見人が死亡するまでかかります。

このような批判を受け、政府は改善策を盛り込んだ利用促進計画を17年に策定。最高裁は2019年、後見人の交代を柔軟に認めたり、財産額ではなく業務内容に応じて報酬を算定したりする方針を打ち出しました。しかし根本的な問題解決には至らず、政府は後見制度を必要な時だけ使えるようにするほか、後見人を柔軟に交代できる方針に転換しようとしています。後見人に支払われる報酬も、その算出方法等が整理される見込みです。関係各所との連携も必要となり、実現は早くとも2026年頃といわれています。

COMPREHENSIVE SUPPORT ACT FOR PERSONS WITH DISABILITIES

Part 7

障害児が対象の支援とサービス

児童福祉法と福祉サービスの関わり

障害児を支援する福祉サービスの概要

障害児を対象とした施設や事業運営について、以前は施設入所が児童福祉法、事業関係が障害者自立支援法、重症心身障害児（者）事業が予算事業とそれぞれ別の法律に基づいて実施されていました。

2012年（平成24年）4月に根拠規定が**児童福祉法に一本化**され、それまで障害種別ごとに分けられていたサービス提供の体系が通所や入所という利用形態別に一元化、放課後等デイサービスや保育所等訪問支援などが創設されるといった大きな変更がありました。

その後の2018年（平成30年）4月の障害者総合支援法改正では、同時に児童福祉法の一部改正も行われ、居宅訪問型児童発達支援が創設、保育所等訪問支援については対象が乳児院や児童養護施設に入所している障害児にまで拡大しています。

現行制度では原則として障害児（18歳未満）が利用できる障害福祉サービスは児童福祉法に規定され、18歳以上になると障害者総合支援法によるサービスへ移行していく形になっています。

障害児通所支援を利用する場合、保護者は市町村に障害支援区分の申請を行い、サービス等利用計画を経て、支給決定が行われ、利用する施設と契約を結びます。

一方、**障害児入所支援を利用する場合は児童相談所に相談・申請**します。児童福祉法による障害児を対象とした通所支援には①児童発達支援、②医療型児童発達支援、③放課後等デイサービス、④保育所等訪問支援、⑤居宅訪問型児童発達支援、入所支援には⑥福祉型障害児入所施設、⑦医療型障害児入所施設があります。

児童福祉法による障害児を対象としたサービス

1.障害児通所支援

自宅から施設に通所するなど、施設外で生活する障害児を対象とした障害福祉サービス

実施主体は市町村

①児童発達支援

②医療型児童発達支援

③放課後等デイサービス
児童発達支援センターなどに通所してきた障害児に支援を行う

④保育所等訪問支援
専門職が保育園等に訪問して支援を行う

⑤居宅訪問型児童発達支援
専門職が障害児の自宅に訪問し支援を行う

2.障害児入所支援

施設に入所する障害児を対象とした福祉サービス

実施主体は都道府県

⑥福祉型障害児入所施設

⑦医療型障害児入所施設
施設に入所した障害児に対して支援を行う

まとめ

- □ **障害児を対象とする福祉サービスは児童福祉法に規定されている**
- □ **障害児を対象としたサービスには大きく通所支援と入所支援の2つがあり、通所支援は市町村、入所支援は都道府県が実施主体となっている**

障害児相談支援事業はどう利用するか

▶障害児についての相談窓口

障害児相談支援事業は、障害のある子どもたちが自立した日常生活を送ることができるように、それぞれの人に合った適切な支援を相談できるサービスです。

障害児に対する相談事業は、大きく分けて①日常的な相談に対応するものと、②障害児通所支援サービス（P.132参照、以下通所サービス）を利用したいときに相談するものの２種類があります。

日常的な相談に対応するのは障害者総合支援法で規定されている市町村の相談支援事業が担当となります。

また、障害児の居宅サービスに関しても障害者総合支援法でのサービスになるため、指定特定相談支援事業者が担当します。

一方で**通所サービスに関する相談は市町村が指定した障害児相談支援事業者（児童発達支援センター等）が担当**し、こちらが児童福祉法第6条2の2の7項、8項に規定されているサービスです。

障害児相談支援の具体的な内容としては、通所サービスを申請した障害児に対し、サービス等利用計画の作成、支給決定後のサービス等利用計画の見直し、モニタリングなどを行います。

障害児相談支援の対象は障害児通所支援を申請した障害児のうち、市町村が障害支援区分の認定を行い、障害児支援利用計画案の提出を求めた人です。

障害児の入所サービスは市町村ではなく、都道府県が管轄する児童相談所が相談を受けて専門的な判断を行うため、障害児相談支援の対象外となります。

障害児に関する相談窓口

障害児相談支援事業は、障害のある子どもが自立した日常生活を送ることができるよう、それぞれの人に合った適切な支援を相談できるサービス

- 日常生活についての相談・障害児の居宅サービスに関する相談 → **市町村の相談支援事業**が担当
- 通所サービスに関する相談 → **障害児相談支援事業者**（児童発達支援センター等）が担当
- 障害児の入所支援サービスの相談 → **都道府県が管轄する児童相談所**が専門的な判断を行う

通所サービス利用の流れ

通所サービスを市町村に申請

↓

市町村が認定調査を行い、障害支援区分を認定

↓

サービス等利用計画の作成

↓

支給決定、通所サービスの開始

↓

モニタリング、サービス等利用計画の見直し

障害児相談支援事業者が支援する（サービス等利用計画の作成、モニタリング、サービス等利用計画の見直し）

まとめ

- □ 児童に関する相談窓口は相談内容によって異なる
- □ 障害児相談支援事業は通所サービスを申請し、障害支援区分を受けた障害児に対し、サービス等利用計画やモニタリング、計画の見直しなどの支援を行う

056 COMPREHENSIVE SUPPORT ACT FOR PERSONS WITH DISABILITIES

障害のある子どもに必要な支援を提供する児童発達支援

▶障害児通所支援サービスを提供する施設の種類

児童発達支援は市町村が提供する障害児通所支援の1つで、「児童福祉法第6条の2の2第2項」に規定されています。

児童発達支援は、障害のある子どもに対し、日常生活における基本的な動作の指導、知識技能の付与、集団生活への適応訓練、その他必要な支援サービスを提供します。

児童発達支援センターは子どもへの通所支援を行う児童福祉施設の1つです。それと同時に地域における児童発達支援の中核的な役割も担っており、地域で暮らす障害のある子どもや保護者への支援、障害のある子どもを預かる機関との連携、相談支援も行っています。

児童発達支援事業は、障害のある子どもが住み慣れた地域で発達支援を受けることができるよう、施設量の拡大を図る目的で設置される、通所支援を行う施設です。

子どもの中には肢体不自由などで医療を必要とする場合があり、そのような場合には**医療型児童発達支援**を受けることができます。医療型児童発達支援は医療型児童発達支援センターと指定医療機関の2つがあります。医療型児童発達支援センターは、児童発達支援センターの機能に加えて、医療の提供も行うことができる施設で、**指定医療機関**は国立病院機構などが設置し、厚生労働大臣が指定した医療機関です。児童発達支援は身体に障害のある児童、知的障害または精神障害を持つ児童（発達障害児を含む）の主に3障害で、手帳の有無に関わらず、児童相談所・市町村保健センター医師などにより療育の必要性が認められた児童が対象となります。

障害児通所支援サービスを提供する事業と施設

児童発達支援

障害のある子どもに対し、日常生活における基本的な動作の指導、知識技能の付与、集団生活への適応訓練、その他必要な支援サービスを提供する

①児童発達支援センター

通所支援を行うほかに、地域の障害児支援の拠点として保育所等の訪問支援や地域に暮らす障害児や保護者の相談支援を行う

②児童発達支援事業

地域の障害児に通所支援サービスを提供する

医療型児童発達支援

①医療型児童発達支援センター

児童発達支援センターに医療機能がついた施設

②指定医療機関

肢体不自由児施設又は重症心身障害児施設の委託を受け、国立病院機構などが設置し、厚生労働大臣が指定した医療機関

児童発達支援センター・児童発達支援事業の役割

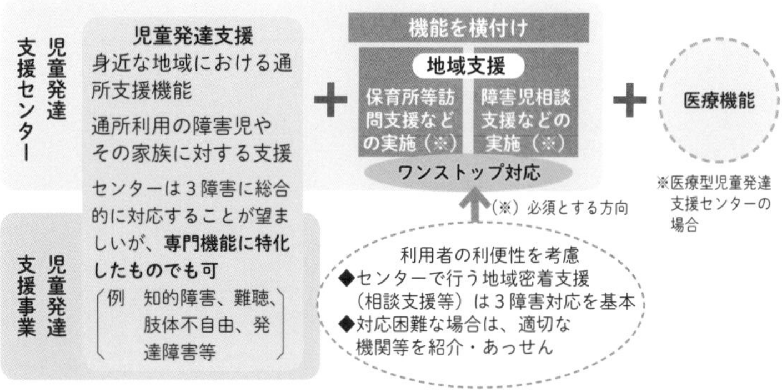

出典：厚生労働省：障害児通所支援について

まとめ	
	□ 児童発達支援とは障害児を対象にした通所支援サービス □ 児童発達支援を行う施設は児童発達支援センターなど4種類の施設がある

通学しながら施設に通い支援を受ける放課後等デイサービス

▶学校に通いながら利用できる障害児支援サービス

放課後等デイサービスは学校に通学している児童が、授業の終了後又は夏休み等の休校日に、児童発達支援センターなどの施設に通い、生活能力向上のための訓練、社会交流促進支援などを行います。

児童福祉法第6条2の2の第4項に規定されています。

学校教育に放課後等デイサービスを加えることにより、**障害児の自立を促進するとともに、放課後などの居場所づくりを推進します**。

学校との連携・協働によって支援を行うサービスのため、学校と放課後等デイサービスには一貫性のあるサービスが求められます。放課後等デイサービスには主に以下の4つの目的で行われ、本人の希望を踏まえたサービスが提供されます。

①自立した日常生活を営むために必要な訓練

②創作的活動・作業活動

③地域交流の機会の提供

④余暇の提供

サービスの**提供対象となる児童は、学校教育法に規定する学校（幼稚園、大学を除く）に就学している障害児**（6歳～18歳）です。放課後等デイサービスは通常高校又は特別支援学校卒業までのサービスですが、引き続きサービスを受けなければ、その福祉を損なう恐れがある場合には満20歳まで利用することができます。

放課後等デイサービスは児童発達支援管理責任者1名、指導員または保育士が障害児10人までは2人（10人以上は5人増えるごとに1人）という職員の設置基準が設けられています。

放課後等デイサービスの概要

学校教育法に規定する学校（幼稚園、大学を除く）に就学している障害児を対象とし、授業終了後や休校日に生活能力向上のための訓練、社会との交流促進などの支援を行うサービス

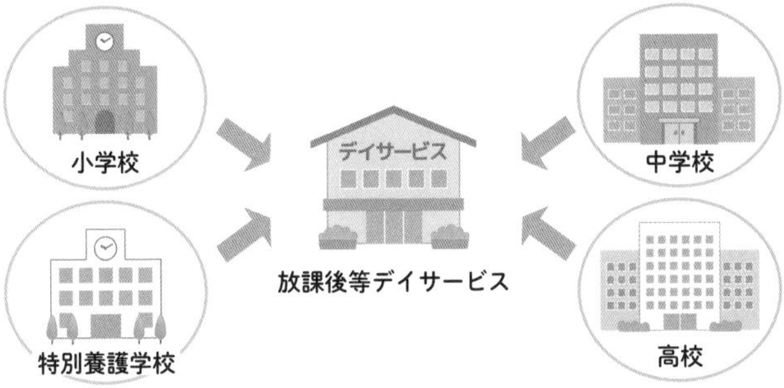

放課後等デイサービスの目的

①自立した日常生活を営むために必要な訓練
②創作的活動・作業活動
③地域交流の機会の提供
④余暇の提供
上記の目標達成のために本人の希望を踏まえたサービスを提供する

放課後等デイサービスの指定基準

管理者	常勤でかつ原則として管理業務に従事するもの（業務に支障がない場合は他の職種と兼務可能）
児童発達支援管理責任者	1人以上（業務に支障がない場合は他の職種と兼務可能）
指導員または保育士	障害児数が10人までは、2人以上（うち常勤1人以上） 障害児が10人を超える時は5人増えるごとに1人を加える
設備基準	指導訓練室、支援の提供に必要な設備及び備品を備えていること 指導訓練室には、訓練に必要な機械器具等を備えていること

まとめ

- □ **放課後等デイサービスは学校に通う障害児を対象にした通所サービス**
- □ **学校以外の居場所づくりや生活能力の向上、社会との交流促進などを目的に支援が行われる**

児童が集団生活に適応するために専門職員が訪問する保育所等訪問支援

▶障害児の集団生活を支援するサービス

保育所等訪問支援は児童発達支援や放課後等デイサービスと同じく障害児通所支援の1つで、保育所や幼稚園、認定こども園、学校、放課後児童クラブ、乳児院、児童養護施設など**集団生活を営む施設を訪問し、障害のない子どもとの集団生活への適応のために必要な、専門的な支援を行うサービス**です。2012年に創設されました。

保育所等訪問支援は児童福祉法第6条の2の2第6項に規定されており、2018年4月から訪問範囲に乳児院・児童養護施設が追加されました。保育所等訪問支援では、対象となる障害のある子どもを集団生活に合わせるのではなく、子どもの特性などに集団生活の環境や活動の手順を合わせる支援を行うのが特徴です。支援は以下の2つの方法により行っています。

①**集団生活適応など障害児本人に行う支援**（集団生活適応のための支援）

②**訪問先施設のスタッフに対する支援**（支援方法に関する助言等）

訪問するスタッフは、障害のある児童の支援に関する知識及び経験を持つ児童指導員・保育士・理学療法士・作業療法士・心理担当職員等が担当します。

保育所等訪問支援の対象となる子どもは、児童福祉法第4条第2項に定める障害児で、保育所等の施設に通い、集団での生活や適応に専門的支援が必要である子どもです。発達障害児などが主な対象となりますが、障害児の認定にあたっては、医学的診断や障害者手帳の有無は問われません。

保育所等訪問支援の概要

集団生活を営む施設を訪問し、障害のない子どもと集団生活への適応のために必要な専門的な支援を行う

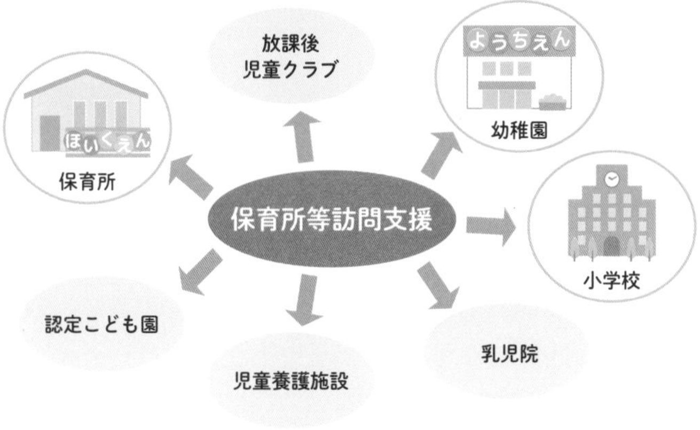

障害のある児童の支援に関する知識及び経験を持つ児童指導員・保育士・理学療法士・作業療法士・心理担当職員等が施設を訪問し、支援を行う

保育所等訪問支援で行う2つの支援

①集団生活適応などの障害児本人に行う支援

集団生活に適応するために障害児本人への支援を行う

②訪問先施設のスタッフに対する支援

訪問先のスタッフへ専門的知見から支援方法に関する助言等を行う

障害のあるこどもを集団生活に合わせるのではなく、子どもの特性などに集団生活の環境や活動の手順を合わせる支援を行うのが特徴

まとめ

- □ 保育所等訪問支援は障害のある児童の支援に関する知識及び経験を持つ専門家が施設を訪問し、支援を行うサービス
- □ 子どもの障害特性に集団生活の環境や活動の仕方を合わせる支援を行う

障害のある子どもが療育を受けるための福祉型障害児入所施設

▶障害のある子どもが受けられる入所サービス

障害児入所支援（P.133参照）は市町村ではなく、都道府県が実施主体となる､障害児を対象としたサービスです。障害児入所施設は医療が提供できるかどうかで**福祉型**と**医療型の**２つに分類されます。

福祉型障害児入所施設では、障害児の保護、日常生活の指導及び自立した生活に必要な知識や技能の付与を行います。重度・重複障害のある子どもや被虐待児への対応を図るほか､子どもたちが地域での生活に移行するために、医療機関等とも連携して、居住環境の整備や通所・居宅サービスとの橋渡しなども支援します。

施設での障害児へのサービス内容は以下のようなものがあります。

①食事・排泄・入浴などの介護

②日常生活上の相談支援、助言

③身体能力、日常生活能力の維持、向上のための訓練

④レクリエーション活動等の社会参加活動支援

⑤コミュニケーション支援

⑥身体能力、日常生活能力の維持・向上のための訓練

対象となる児童は、身体障害・知的障害・精神障害（発達障害含む）をのある児童です。手帳の有無は問わず、児童相談所、市町村保健センター、医師などにより療育の必要性が認められた児童が対象となります。

原則18歳までを対象とした施設ですが、引き続き入所支援を受けなければその福祉を損なう恐れがある場合、満20歳に達するまで利用を延長することができます。

福祉型障害児入所施設の概要

障害のある子どもを入所させ、障害児の保護、日常生活の指導及び自立した生活に必要な知識や技能の付与を行う施設

対象となる子ども

- 身体障害のある児童
- 知的障害のある児童
- 精神障害（発達障害含む）のある児童
- 手帳の有無は問わない
- 児童相談所、市町村保健センター、医師などにより療育の必要性が認められた児童

原則18歳までだが、引き続き入所支援を受けなければその福祉を損なう恐れがある場合、20歳まで延長して利用することが可能

18歳（20歳）以上になったときのサービスの移行

18歳以上は障害者総合支援法による障害福祉サービスへ切り替わる
福祉型障害児入所施設では入所している子どもが18歳以上になったときに向けての地域移行支援も行う

福祉型障害児入所施設からの移行例
- グループホーム、ケアホーム
- 施設入所支援+生活介護など

まとめ	
まとめ	□ 福祉型障害児入所施設は障害児を入所させ、障害児の保護、日常生活の指導及び自立した生活に必要な知識や技能の付与を行う施設 □ 18歳（20歳）のサービス移行に向けて、地域移行支援も行っている

障害のある子どもが療育と治療も受ける医療型障害児入所施設

▶医療も可能な障害児向けの入所施設

医療型障害児入所施設（P.133参照）は福祉型障害児入所施設と同様に、障害のある児童を入所させて、保護・日常生活の指導及び、自活に必要な知識や技能の付与を行いますが、それに併せて**施設内での治療を行うことができる**のが特徴です。

医療型障害児入所施設のサービス内容は以下のようなものが含まれます。

①疾病の治療

②看護

③医学的管理の下における食事・排泄・入浴などの介護

④日常生活上の相談支援・助言

⑤身体能力、日常生活能力の維持・向上のための訓練

⑥レクリエーション活動等の社会参加活動支援

⑦コミュニケーション支援

対象となる児童は知的障害児（自閉症児）、肢体不自由児、重症心身障害児です。手帳の有無は問わず、児童相談所、市町村保健センター、医師などにより、療育の必要性が認められた児童が対象となります。原則18歳までが利用できる施設ですが、引き続き支援を受けなければその福祉を損なう恐れがある場合には、20歳になるまで利用することができます。

18歳（20歳）以降も入所サービスを必要とする場合、**障害者総合支援法の施設入所支援、生活介護**などのサービスに移行することになります。

医療型障害児入所施設の概要

医療型障害児入所施設では、福祉型障害児入所施設の機能に加えて、施設内で医療も行うことができる

対象となる子ども

・知的障害児（自閉症児）
・肢体不自由児
・重症心身障害児
・手帳の有無は問わない
・児童相談所、市町村保健センター、医師などにより療育の必要性が認められた児童

原則18歳までだが、引き続き入所支援を受けなければその福祉を損なう恐れがある場合、20歳まで延長して利用することが可能

18歳（20歳）以上になったときのサービスの移行

18歳以上は障害者総合支援法による障害福祉サービスへ切り替わる
医療型障害児入所施設では入所している子どもが18歳以上になったときに向けての地域移行支援も行う

医療型障害児入所施設からの移行例
・施設入所支援＋生活介護など

まとめ	
	□ **医療型障害児入所施設は福祉型障害児入所施設に医療の機能がついた施設**
	□ **18歳(20歳)になった入所者は、施設入所支援+生活介護など障害者総合支援法のサービスへ移行する**

医療的ケア児や重度の障害がある子どもへの支援と連携

▶医療的ケア児、外出が難しい障害児への支援

近年、NICU（新生児特定集中治療室）の整備が進み、継続的に人工呼吸器や胃ろうが必要となる**医療的ケア児**が増えています（全国に2万人程度と推計）。**医療的なケア**が必要な子どもが、自宅で家族とともに暮らすためには、行政とともに医療や福祉、保健、教育などさまざまな分野の専門家が連携して支援に当たる必要があります。

2018年（平成30年）4月の児童福祉法の改正により、「地方公共団体は、日常生活を営むために医療を要する状態にある障害児が、適切な支援を受けられるよう保健、医療、福祉、その他関連分野の支援を行う機関との連絡調整を行うための体制の整備に関し、必要な措置を講ずるように努めなければならない」という記述が加えられました。

これにより、**医療的ケア児に対する行政と関係機関による連携支援体制づくりが進んでいます**。

また同年4月の児童福祉法改正では、外出が困難な障害児を対象としたサービスとして、**居宅訪問型児童発達支援**が創設されました。居宅訪問型児童発達支援では**児童発達支援センター**などから職員が障害児の自宅に訪問し、日常生活における基本的な動作の指導（手先の感覚と脳の認識のずれを埋めるための活動など）や、知識や技能（絵の描かれたカードを使用して、言語を理解してもらうための活動など）を身につけるための支援を行います。

対象は重症心身障害児など重度の障害児で、児童発達支援などの障害児通所支援を受けるために外出するのが難しい障害児です。上記の医療的ケア児にも対応しているサービスといえるでしょう。

医療的ケア児の支援体制

医療的ケア児とは人工呼吸器や胃ろうなどの医療的ケアが継続的に必要な子どものこと
近年、NICU（新生児特定集中治療室）の整備が進み、医療的ケア児は増加傾向にある

↓

児童福祉法に医療的ケア児の支援のため、地方公共団体に他分野が連携できる体制整備の努力義務を規定（児童福祉法第56条の６第２項）

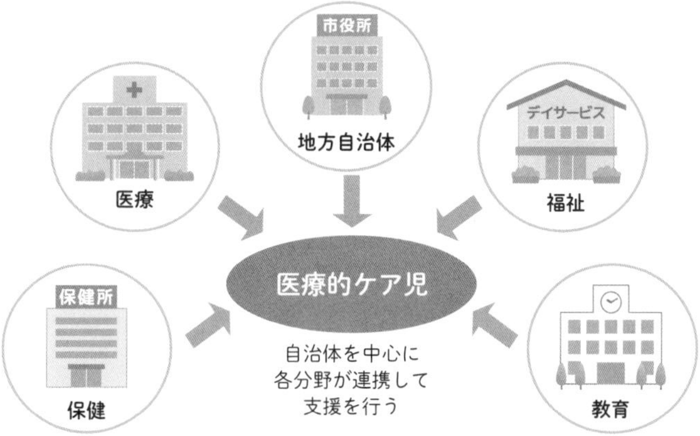

居宅訪問型児童発達支援

対象

重症心身障害児など重度の障害児で、児童発達支援などの障害児通所支援を受けるために外出するのが難しい障害児（医療的ケア児も含まれる）

サービス内容

障害児の自宅に児童発達支援センターの職員等が訪問し、日常生活における基本的な動作の指導や、知識や技能を身につけるための支援を行う

まとめ

- □ 医療的ケア児が増加する中で自治体を中心に各分野が連携して支援を行う体制づくりが進められている
- □ 居宅訪問型児童発達支援は医療的ケア児など重い障害を抱える子どもの自宅に訪問して支援を行うサービス

Column

児童福祉法改正と残された課題

従来の児童福祉法下では、虐待や貧困、死別等の事情から親元で暮らせず、施設や里親など社会的養護の元で育った若者は、原則18歳（最長22歳）での自立が求められていました。これを「18歳の壁」（22歳の壁）といいます。

2022年6月に成立した改正児童福祉法により、24年4月から年齢制限が撤廃されることになりました。

これにより、年齢による支援の一律制限をやめることで、施設などが自立可能と判断した時期まで継続できるようになります。施設を出た後のサポート強化のため、相談を受ける拠点の整備も拡充されます。

一方で制限年齢に達して、進学や就職を機に施設などを離れる「ケアリーバー」と呼ばれる若者たちが、社会になじめず必要な支援を受けられずにいるという社会問題がクローズアップされるようになりました。

ケアリーバーは、親など身近に頼れる人がいないため、自立後に孤立したり、困窮したりするケースも少なくありません。社会に出た後も切れ目のない支援を継続することが課題となります。若者が社会に出た後の支援を施設任せにせず、サポートしようとする動きが各地で始まっています。

また同法の改正により、虐待を受けた子どもを親から引き離す一時保護の要否を裁判官が判断する司法審査の制度も導入されました。司法が後ろ盾となり、保護に反対する親を説得しやすくなる利点があります。障害児に対する虐待は増加傾向にあり、権利擁護の観点からさらなる施策が求められています。

COMPREHENSIVE SUPPORT ACT FOR PERSONS WITH DISABILITIES

Part 8

障害者の人権を守る法律

障害者の虐待を禁止、防止する障害者虐待防止法

▶障害者の人権を虐待から守る切り札

障害者虐待防止法は、**家庭、福祉施設、職場での障害者への虐待の禁止・防止と早期発見、養護者らへの支援を定めた法律**です（正式名称「障害者虐待の防止、障害者の養護者に対する支援等に関する法律」）。2011年（平成23年）6月に成立しました。

虐待の被害を訴えられない障害者に対する虐待は社会全体で共有、解決すべき問題であるとの見地から、**虐待と疑われる行為を発見したすべての国民に地方自治体への通報を義務づけ**ました。

施設内での虐待を通報した人（職員等）を、雇用主が解雇するなどの不利な扱いをすることも禁止し、通報を受けた市町村には家庭内への立ち入り調査権や、被害者を家族や福祉施設から切り離す一時的保護を認めました。必要に応じて警察へ援助を要請することや、成年後見人をつけるよう裁判所に申し立てることもできます。福祉施設や就労支援施設等での虐待については、都道府県が調査の上改善命令を出すなどし、その状況や結果を公表します。同法の保護の対象と規定されるのは**障害者基本法に定める身体障害、知的障害、精神障害を負う人々**です。18歳未満の障害児に対する養護者による虐待は、一部児童虐待防止法が適用されます。

虐待をする者としては家族など身の回りの世話をする養護者だけでなく、福祉施設の職員、職場の上司や同僚なども規定されます。虐待行為は、「身体的虐待」「心理的虐待」「性的虐待」のほか「介護・世話の放棄（ネグレクト）」、障害年金や賃金を搾取する「経済的虐待」の5つに分類されます。

障害者に対する心身への虐待を防止する

これが障害者虐待です
心や体に大きな苦痛

身体的虐待
- たたく・蹴る・殴る・無理やり食事を口に入れる・やけどを負わせる・打撲させる
- ベットに縛りつけたり薬を過剰に飲ませたりして身体拘束や抑制をする　など

心理的虐待
- 排泄の失敗を笑ったり、それを人前で話すなどにより、恥をかかせる
- 怒鳴る、ののしる、悪口を言う
- 侮辱を込めて子どものように扱う　など

経済的虐待
- 日常生活に必要な金銭を渡さない、使わせない
- 本人の自宅などを本人に無断で売却する
- 年金や預貯金を本人の意思、利益に反して使用する　など

介護・世話の放棄（ネグレクト）
- 入浴させず体が汚れている
- 水分や食事を十分与えず、脱水症状や栄養失調の状態にする
- 室内にごみを放置するなど、劣悪な環境の中で生活させる
- 高齢者が必要とする介護、医療サービスを制限したり使わせない　など

性的虐待
- 排泄の失敗に対して懲罰的に下半身を裸にして放置する
- 嫌がる部位に触れる
- 性的行為を強要する　など

障害者虐待への対応の流れ

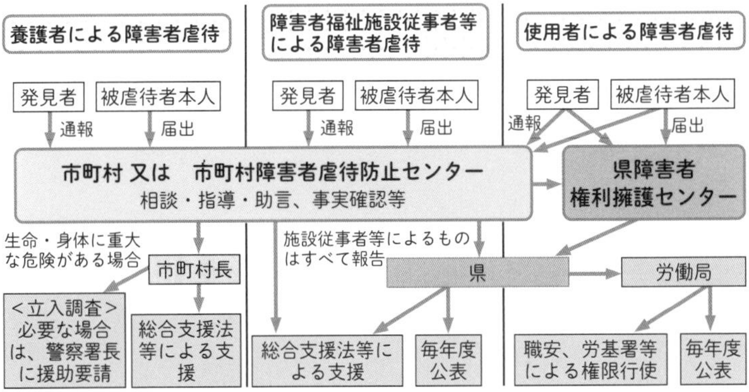

まとめ
- □ 虐待を受けたと思われる障害者を発見した場合、市町村への通報義務
- □ 虐待行為は5つに分類される

差別の禁止を推進する障害者差別解消法

▶障害者への差別を禁止し積極的な社会参加を

障害者差別解消法は、全ての国民が、障害の有無によって分け隔てられることなく、相互に人格と個性を尊重し合いながら共生する社会の実現に向け、**障害を理由とする差別の解消を推進する**ことを目的として、2013年（平成25年）6月に制定されました（正式名称「障害を理由とする差別の解消の推進に関する法律」）。同法は、以下の通り事業者及び行政機関等に対し、**不当な差別的取扱いを禁止し、合理的配慮を提供すべき**ことを定めています。

不当な差別的取扱い

障害者に対して正当な理由なく、障害を理由として、財・サービスや各種機会の提供を拒否する、または提供に当たって場所・時間帯などを制限する、障害者でない者に対しては付さない条件をつけることなどにより、障害者の権利利益を侵害することを禁止しています。法は、**事業者と行政機関等のいずれに対しても**、不当な差別的取扱いをすることを禁止しています。

合理的配慮の提供

行政機関等及び事業者に対し、その事務・事業を行うにあたり、個々の場面において、**障害者から現に社会的障壁の除去を必要としている旨の意思の表明があった場合**において、その実施に伴う負担が過重でないときは、障害者の権利利益を侵害することとならないよう、**社会的障壁の除去の実施**について、必要かつ合理的な配慮を行うことを求めています。行政機関などについては合理的配慮の提供は法的義務、事業者については努力義務とされています。

障害者への差別を禁止し、合理的配慮を提供する

不当な差別的取扱いの具体例

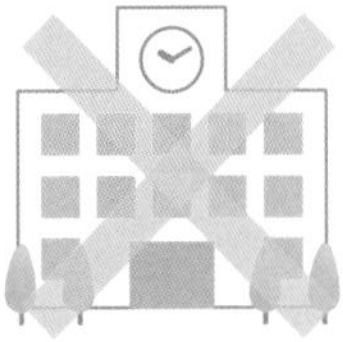

- 受付の対応を拒否する
- 本人を無視して介助者や支援者、付き添いの人だけに話しかける
- 学校の受験や、入学を拒否する
- 障害者向け物件はないと言って対応しない

合理的配慮の具体例

- 意思を伝え合うために絵や写真のカードやタブレット端末なども使う
- 障害のある人の障害特性に応じて、座席を決める
- 障害のある人から、「自分で書き込むのが難しいので代わりに書いてほしい」と伝えられたとき、代わりに書くことに問題がない書類の場合は、その人の意思を十分に確認しながら代わりに書く

出典：内閣府「障害者差別解消法を周知するためのリーフレット『「合理的配慮」を知っていますか』より

まとめ	
	□ 不当な差別的取扱いは、事業者と行政機関双方に対し禁止される □ 合理的配慮の提供は、事業者については努力義務とされる

064 COMPREHENSIVE SUPPORT ACT FOR PERSONS WITH DISABILITIES

雇用と在宅就労で職業の安定を図る障害者雇用促進法

▶ 時代とともに拡充され働きやすさを追求する法律

障害者雇用促進法は、**障害者の雇用と在宅就労の促進について定めた法律**です（正式名称「障害者の雇用の促進等に関する法律」）。

この法律は、障害者の雇用義務等に基づく雇用の促進等のための措置、雇用の分野における障害者と障害者でない者との均等な機会及び待遇の確保並びに障害者がその有する能力を有効に発揮することができるようにするための措置、職業リハビリテーションの措置その他障害者がその能力に適合する職業に就くこと等を通じてその**職業生活において自立することを促進するための措置**を総合的に講じ、もって**障害者の職業の安定**を図ることを目的とします（第1条）。

本法において「障害者」とは、身体障害、知的障害、精神障害（発達障害を含む）その他の心身の機能の障害があるため、長期にわたり、職業生活に相当の制限を受け、又は職業生活を営むことが著しく困難な者をいいます（第2条）。

2020年（令和2年）4月1日に施行された法改正では、民間企業に対して①**「事業主に対する給付制度」と、②「優良事業主としての認定制度の創設」**という2つの措置が盛り込まれました。①は、これまで対象外だった週10～20時間未満の障害者を雇用する事業主に対して、特例給付金が支給されます。②は、評価項目ごとに加点方式で採点し、一定以上の得点を獲得した常用労働者300人以下の中小企業を、優良な事業主として認定します。有料事業主に認定された企業は「**認定マーク**」を対外的に掲示できるようになります。

障害者の雇用と在宅就労を促進し均等な機会を与える

2020年改正の主要なポイント

①事業主に対する給付制度

②優良事業主としての認定制度の創設

障害者雇用に関する優良な中小事業主に対する認定制度（もにす認定制度）

厚生労働大臣が、障害者の雇用の促進や安定に関する取り組みなどの優良な中小企業を認定する制度

障害者雇用優良中小事業主の認定基準項目

下記の「認定基準」をすべて満たすと「障害者雇用優良中小事業主」となることができ、商品などに認定マーク（もにす）を付けることができるほか、公共調達に加点評価を受けることができるなどのメリットがある。

大項目	中項目	小項目	評価基準	評価点
取組（アウトプット）	体制づくり	①組織面	特に優良	2点
			優良	1点
		②人材面	特に優良	2点
			優良	1点
	仕事づくり	③事業創出	特に優良	2点
			優良	1点
		④職務選定・創出	特に優良	2点
			優良	1点
		⑤障害者就労施設等への発注	特に優良	2点
			優良	1点
	環境づくり	⑥職務環境	特に優良	2点
			優良	1点
		⑦募集・採用	特に優良	2点
			優良	1点
		⑧働き方	特に優良	2点
			優良	1点
		⑨キャリア形成	特に優良	2点
			優良	1点
		⑩その他の雇用管理	特に優良	2点
			優良	1点
取組関係の合格最低点				5点（満点20点）

大項目	中項目	小項目	評価基準	評価点
成果（アウトカム）	数的側面	⑪雇用状況	特に優良	6点
			優良	4点
			良	2点
		⑫定着状況	特に優良	6点
			優良	4点
			良	2点
	質的側面	⑬満足度、ワーク・エンゲージメント	特に優良	6点
			優良	4点
			良	2点
		⑭キャリア形成	特に優良	6点
			優良	4点
			良	2点
成果関係の合格最低点				6点（満点24点）
情報開示（ディスクロージャー）	取組（アウトプット）	⑮体制・仕事・環境づくり	特に優良	2点
			優良	1点
	成果（アウトカム）	⑯数的側面	特に優良	2点
			優良	1点
		⑰質的側面	特に優良	2点
			優良	1点
情報開示関係の合格最低点				2点（満点6点）
合計の合格最低点				20点（満点50点）

出典：厚生労働省リーフレット

まとめ

- □ 障害者の職業の安定を図ることを目的とする
- □ 優良事業主としての認定制度が2020年から開始された

▶Column

コンプライアンスの要請に民間企業も敏感になる必要がある

2022年10月、厚生労働省は、精神科病院で患者への虐待が疑われる事案があった場合、発見者らが都道府県に通報する制度を設けることを決定しました。通報の義務づけ等を盛り込んだ精神保健福祉法改正案を臨時国会に提出し、2024年度の導入が見込まれます。

障害者施設・事業所における虐待は障害者虐待防止法で対策が講じられていますが、これまで精神科病院においてはこのような規定がありませんでした。2016年に成立した障害者差別解消法も近時改正がなされています。

同法の2本柱は「不当な差別的取り扱い」と「合理的配慮」でしたが、民間事業者において後者は現状努力義務です。これが21年の法改正により、2024年6月以降は法的義務となります。

その結果、障害者の権利保障は確かに前進するといえますが、一方で企業にとっては法的義務となることから、対応が不十分な場合に法的責任を問われるというリスクが生じてしまいます。

今も、店員がペットと間違えて補助犬の入店を断ってしまったり、レジャー施設で聴覚障害者がアトラクションを利用することを拒否されたり、といったことが報道され、SNSなどで炎上したこともありました。このようなリスクを回避するためには、まず法的義務化されるということを各企業が認識し、しっかりと対策を講じる必要があります。

障害者雇用促進法についても2022年に改正が閣議決定され、障害者の様さまざまな就労ニーズに応える支援の拡充、障害者雇用の質の底上げに向けた施策などが盛り込まれています。

Index

た行

■ 問い合わせについて

本書の内容に関するご質問は、下記の宛先までFAX または書面にてお送りください。
なお電話によるご質問、および本書に記載されている内容以外の事柄に関するご質問には
お答えできかねます。あらかじめご了承ください。

〒162-0846
東京都新宿区市谷左内町21-13
株式会社技術評論社　書籍編集部
「60分でわかる!　障害者総合支援法　超入門」質問係
FAX:03-3513-6181

※ご質問の際に記載いただいた個人情報は、ご質問の返答以外の目的には使用いたしません。
また、ご質問の返答後は速やかに破棄させていただきます。

60《ろくじゅっ》分《ぷん》でわかる!
障《しょう》害《がい》者《しゃ》総《そう》合《ごう》支《し》援《えん》法《ほう》　超《ちょう》入《にゅう》門《もん》

2023年3月9日　初版　第1刷発行

著者……………………外岡《そとおか》 潤《じゅん》

発行者…………………片岡　巌
発行所…………………株式会社 技術評論社
東京都新宿区市谷左内町 21-13
電話……………………03-3513-6150　販売促進部
03-3513-6185　書籍編集部
編集……………………株式会社 エディポック
担当……………………秋山絵美（技術評論社）
装丁……………………菊池　祐（株式会社 ライラック）
本文デザイン…………山本真琴（design.m）
レイアウト・作図……株式会社 エディポック
製本／印刷……………大日本印刷株式会社

ISBN978-4-297-13302-3　C3034
Printed in Japan